A INTRUSA

Romance de Antônio Carlos
Psicografia de Vera Lúcia Marinzeck de Carvalho

A intrusa
Pelo espírito Antônio Carlos
Psicografia de Vera Lúcia Marinzeck de Carvalho

Copyright @ 2014-2022 by Lúmen Editorial Ltda.

7ª edição – Agosto de 2022

Coordenação editorial: Ronaldo A. Sperdutti
Revisão: Érica Alvim
Projeto gráfico e arte da capa: Vivá Comunicare
Impressão e acabamento: Renovagraf

DADOS INTERNACIONAIS DE CATALOGAÇÃO NA PUBLICAÇÃO
(CIP) (CÂMARA BRASILEIRA DO LIVRO, SP, BRASIL)

Carlos, Antônio (Espírito). A intrusa / pelo espírito Antônio Carlos ;
psicografia de Vera Lúcia Marinzeck de Carvalho. --
São Paulo : Lúmen Editorial, 2014.

ISBN 978-85-7813-152-4

1. Espiritismo 2. Psicografia 3. Romance
espírita I. Carvalho, Vera Lúcia Marinzeck de. II. Título.

14-05942   CDD-133.93

Índices para catálogo sistemático:
1. Romances espíritas psicografados : Espiritismo - 133.93

Av. Porto Ferreira, 1031 - Parque Iracema
Catanduva – SP - CEP 15809-020
Tel. 17 3531.4444

www.lumeneditorial.com.br | atendimento@lumeneditorial.com.br
www.boanova.net | boanova@boanova.net

Proibida a reprodução total ou parcial desta obra sem prévia
autorização da editora Impresso no Brasil – Printed in Brazil
7-08-22-150-31.290

Sumário

1º capítulo – Final de tarde 5

2º capítulo – A noite 15

3º capítulo – Quarta-feira 27

4º capítulo – Sábado 43

5º capítulo – Ainda no sábado 61

6º capítulo – Domingo 73

7º capítulo – Na semana 86

8º capítulo – As férias terminam 99

9º capítulo – Começo das aulas 111

10º capítulo – No meio da semana 124

11º capítulo – Final de semana 141

12º capítulo – Nos dias seguintes 154

13º capítulo – Decisões 167

14º capítulo – De volta ao lar 176

15º capítulo – A difícil conversa 188

16º capítulo – A mudança 200

17º capítulo – Orientações 215

18º capítulo – Férias novamente 238

1º CAPÍTULO

Final de tarde

Beatriz pegou a bolsa e o casaco, despediu-se das colegas no final do expediente com um "tchau". Estava de férias da escola, por isso teria de ir para casa. Realmente não gostava de ir para lá, mas tinha de voltar. Simone ultimamente estava saindo muito.

"Que chato ir para casa e encontrar a intrusa lá. A tarde está tão bonita, o sol logo irá se pôr; se não fosse pela minha irmã, iria dar um passeio pela praça. Mas, por enquanto, lá é o único local que tenho para ir. Se pelo menos vovó Laís nos aceitasse. Mas não aceita. Paciência!"

Beatriz, Bia, como muitos a chamavam, era uma garota bonita, sensível, agradável, e todos que a olhavam notavam seus olhos: eram verdes, grandes, com espessos cílios e uma sobrancelha bem desenhada. Era parecida com sua mãe. Tinha dezessete anos, estudava, terminaria naquele ano o terceiro período do ensino médio. Estava empregada numa loja de roupas femininas como vendedora havia alguns meses e, para trabalhar, transferira o estudo para a noite. Essas duas atividades a cansavam muito. Sempre gostou de estudar e se decepcionou com o curso noturno, que era mais fraco. Sabia que para entrar numa universidade teria de estudar muito e sozinha. Saíra do curso de inglês e de espanhol. Isso a revoltara.

Foi para a casa. Ao abrir a porta, gritou:
— Simone!
— Ela não está! Para pouco em casa essa menina!

Quem respondeu foi Luciene.

Beatriz entrou e foi para o quarto que dividia com a irmã sem responder.

Simone olhou o relógio e se assustou, a tarde passara rápida.
— Nossa! — exclamou a garota. — Bia deve estar voltando para casa. Vou embora!

Organizou seus cadernos, despediu-se da amiga e escutou da mãe dela:
— Volte sempre, Simone. Embora vocês duas tenham conversado bastante, estudaram também. Fizeram o trabalho de férias. Tchau!

Simone caminhou sem prestar atenção à rua.

"Que pena eu não ter visto o Mateus. Ele é tão lindo!", pensou suspirando.

A garota tinha treze anos, também era bonita e com certeza se tornaria uma bela moça. Gostava muito de sua irmã Beatriz. E, ultimamente, ausentava-se muito de casa. Não gostava de ficar lá.

"Júnior é mais feliz!", pensou a garota. "Estuda fora, em outra cidade. Está de férias, mas com certeza arrumou um jeito, uma desculpa de um curso para não voltar para casa. Estou com saudades dele. Estudar nas férias! Mas eu também estou estudando. Motivo? Ir à casa de Mariana para ver seu irmão Mateus."

Andou depressa, por isso chegou em casa ofegante. Abriu a porta e escutou:

— Bia já chegou — informou Luciene. — Está no quarto esperando-a. Aproveite para falar a ela que hoje são vocês duas que farão o jantar. Já fiz o favor de fazer o almoço. Não sou empregada. Se quiserem comer, façam! Vou jantar fora com o pai de vocês.

Simone não respondeu e foi para o quarto.

Júnior estava em outra cidade, onde estudava. Cursava engenharia civil numa universidade pública. O rapaz tinha dezenove anos, era alto, bonito e estava aborrecido.

"Não pago pelos meus estudos, mas tenho despesas e pouco dinheiro. Não estou fazendo curso de férias, como disse à Bia, mas dando aulas para uns colegas, isto para ter dinheiro para me alimentar e para a passagem de ônibus para vê-las. Estou com poucas roupas, não sobra dinheiro para comprar nada. Estudo muito para me sobressair. E não estou com vontade de ir para casa. Mas tenho de cuidar de minhas irmãs. Desta vez baterei de frente com o velho, meu pai precisa entender que ele não é dono de tudo. Minha vida não está fácil. Não tenho tempo nem para namorar. Poderia me interessar mais por Eugênia, ela é muito bonita. Mas um namoro com certeza me atrapalhará. Vou sábado para casa."

— Júnior — disse Ney, um colega que dividia o quarto de uma pensão com ele —, topa entregar mais estas duas encomendas?

— Isso é perigoso! — exclamou Júnior. — Queria não ter de fazer mais isso. Porém, com o que receber, pago o aluguel do quarto.

— Eu também não quero mais fazer isso — falou Ney. — Estou com receio. Tenho entregado mais que você. Mas, se não fizer, não consigo estudar. Sinto que esses atos serão uma nódoa em minha vida.

Júnior pegou os dois pacotes. E, num pedaço de papel, estavam os endereços. Levantou-se e foi entregá-los. Eram entorpecentes.

Célio estava saindo do trabalho naquele final de tarde. Tinha quarenta e três anos, alto, magro, boa aparência, seus cabelos começavam a ficar grisalhos.

"Também, com tantos problemas", pensou ele, passando as mãos sobre os cabelos, "não sei como não estou careca. Não estou com vontade de voltar para casa. Meu Deus! É sempre a mesma coisa. As meninas reclamam dela, e ela, das garotas. E ainda tem Irene. Será que existe o risco de perder o processo? Mais essa! Ter de dar dinheiro a essa mulher. Se isso ocorrer, será injusto. Dei muita coisa para Irene. Ficou comigo porque quis. Não lhe prometi nada. Se ela ganhar, vou passar aperto financeiro para pagá-la. Porém, posso recorrer e adiar o pagamento. Tenho tido muitos gastos. Também, pai de três filhos! Quando Tetê me ajudava, o dinheiro rendia mais. Preciso me organizar".

Entrou no carro, dirigiu devagar e foi para casa. Ao abrir a porta, escutou:

— Oi, querido! Estou esperando por você. Não esqueceu que vamos jantar fora, não é?

Célio aproximou-se de Luciene e a beijou.

— Precisamos mesmo jantar fora?

— Claro, querido. Faço questão. Vamos, sim. Escolhi o restaurante. Tome um banho enquanto me arrumo. Quero ficar bonita.

Foram para a suíte.

❈

Enquanto se maquiava Luciene pensou:

"Já estava cansada de ficar nesta casa, permaneci aqui a tarde toda esperando por Célio. Ainda bem que a tarde terminou. Queria mesmo morar com Célio em outro lugar. Ele poderia muito bem deixar as meninas morando aqui e ir comigo para um pequeno apartamento. Ele não quer. Mas vou conseguir, com toda a certeza, fazê-lo mudar de ideia. Célio ainda é jovem. E quero ter filhos. Filhos meus. E tem de ser rápido. Tenho trinta e sete anos."

Olhou no espelho. Luciene não era bonita. Seu rosto era pequeno, lábios muito finos, queixo grande, testa pequena, mas seu corpo era bonito. Morava com os pais e estava ficando muito na casa do Célio, dormia pelo menos três vezes por semana com ele e às vezes cozinhava. Não gostava dos filhos dele, este era o problema. Viu poucas vezes o mais velho, o Júnior, mas as meninas, Beatriz e Simone, estavam sempre presentes na casa, já que moravam ali. Queria casar e ter o seu lar. Já fora casada, contraiu matrimônio aos vinte anos, viveu três anos com o marido, um período de muitas brigas, e se separaram; tivera outros namorados, mas se interessou por Célio assim que o conheceu. Fez de tudo, estava fazendo, para dar certo.

"Minha mãe", continuou Luciene pensando, "aconselhou-me a arrumar alguém sem filhos, mas eu também já fui casada. Será para ambos o segundo casamento. Não vou perdê-lo por causa dessas meninas bobas. Não vou mesmo!"

Estando prontos, saíram sem se despedir.

Tetê, Maria Tereza, estava em seu quarto. Ao escutar o casal sair e as filhas abrirem a porta, levantou-se com dificuldade. Sentia-se doente. Olhou o seu aposento. Há anos dormia no cômodo dos fundos. A casa era grande, possuía quatro quartos. A suíte estava ocupada atualmente por Célio, um quarto para as duas filhas, outro menor era do Júnior, e o último do corredor era o dela.

Desde que ficara doente permanecia muito no seu aposento. Célio e ela tinham se separado havia anos, mas não oficialmente e nem de casa. Ele sempre tivera amantes, e essa foi a causa da separação. Conversavam somente o necessário. Viviam razoavelmente respeitando o acordo que haviam feito até que ficou doente. Sofreu um acidente vascular cerebral e ficou com sequelas.

"O ruim é que não consigo falar, ando com dificuldade e, por isto, Célio tem abusado. Nunca antes ele trouxera para casa uma amante. E, recentemente, essa Luciene, a Lu, como ele a chama, tem vindo aqui e até dorme. Ainda bem que não é a Irene. Como Célio enjoou dela, enjoará desta também, e espero que isto ocorra logo. Se pudesse falar, iria conversar sério com esta intrusa."

Maria Tereza era dois anos mais nova que o marido. Fora uma mulher muito bonita, era geniosa, e o casal brigava muito, até que, num acordo, separaram-se e passaram a usar quartos diferentes. Optaram por viver assim para não dividir os bens que possuíam. Eram casados com comunhão de bens. Pararam com as brigas, melhoraram a convivência, e os três filhos se acostumaram com eles vivendo desse modo. Mas ela adoeceu e ficava muito no quarto, não saía de casa.

Irene estava muito nervosa. Ficara sabendo que Célio e Luciene iriam jantar num restaurante caro, chique. Uma de suas colegas escutou de Luciene, quando ambas estavam num salão de beleza, que o casal iria lá à noite.

"Será que devo ir a esse restaurante? Posso convidar minha amiga Ione para ir comigo. Mas para ter companhia, terei de pagar para ela. Esta noite tenho uma consulta com dona Chica. Estou sentindo muito ódio! Qualquer um dos compromissos, ir ao restaurante ou à dona Chica, terei de dispor de dinheiro. Ela cobra caro, e este jantar ficará caríssimo. Célio precisa de um corretivo! Agiu muito mal comigo. Fomos amantes por muitos anos. Era muito jovem quando me envolvi com ele. Célio fez de tudo para me conquistar, para depois me descartar como uma roupa velha. Quero que nada dê certo para ele. Desejo-lhe muito mal. Não esqueço o que ele me disse quando pedi para que se casasse comigo: 'Casar com você? Está louca?'. Fiquei nervosa, chorei e perguntei: 'Servi somente para amante? Estivemos juntos por quase cinco anos. Esperava casar um dia com você!'. Estremeci de ira quando escutei: 'Você é louca! Casar? Como? Por quê? Nunca lhe prometi isto. Se pensou nesta possibilidade, é porque você é uma iludida'. Avancei nele, unhei seu braço, e ele me empurrou com tanta força que caí. Tenho ódio dele! Célio não será feliz! Não mesmo! Está namorando uma moça

11

de 'família'. Duvido que seja boa. Se for ao restaurante, posso estragar uma noite. E corro o risco de eles se levantarem e irem a outro local. Quero estragar sua vida. Pagará caro! Tirarei dinheiro dele. Aproveitador, pensou que ia me deixar e ficar por isto mesmo! Nada como um boa advogada para ajudar a resolver a questão. Pedi uma indenização por ter sido enganada, por ter sido amante dele. O encontro reconciliatório será depois de amanhã. Pensando bem, irei à dona Chica."

Irene não trocou de roupa. Ligou a televisão e esperou o horário marcado para ir à consulta. Sentou-se no sofá. A moça era bonita, tinha trinta e dois anos, alta, esbelta, cabelos tingidos de louro, costumava usar muita maquiagem e se vestir na moda. Tentou se distrair, mas não conseguiu, estava irada.

Armando conversava com duas senhoras no centro espírita. Chegava antes da reunião começar, isto para se enturmar.

— Retornei à cidade — explicou ele. — Morei aqui há vinte e seis anos. Pelo trabalho de meu pai, mudávamos sempre de cidade, moramos aqui por três anos. Gostei demais, tanto que fiquei muito feliz quando fui transferido para cá pelo meu trabalho e, de voltar a residir aqui. Enviuvei há três anos, tive dois filhos, o rapaz está estudando em outro país e com certeza ficará por lá, está bem. Minha filha desencarnou há cinco anos. Sou espírita e estou gostando do trabalho que a casa oferece.

— Já reencontrou os amigos de outrora? Reviu antigos companheiros? — perguntou um senhor.

— Fui ao bairro, à rua em que moramos. Revi somente dois dos antigos vizinhos. Vocês conhecem Maria Tereza...? Nós a chamávamos de Tetê. Gostaria de revê-la.

— Talvez — respondeu uma das senhoras — seja a esposa do Célio. Sei onde moram, dou-lhe o endereço, trago-o na próxima reunião. Não me lembro bem, mas parece que ela está doente ou desencarnou.

Armando agradeceu, cumprimentou outras pessoas. Estava gostando do lugar, os frequentadores eram fraternos e alegres. Sentou-se à espera da palestra começar e pensou em Tetê.

"O tempo passa para todos, ou passamos pelo tempo. Já não sou o jovem de antigamente, nem ela deve ser. Quando tiver o endereço, vou tentar telefonar e, quem sabe, visitá-la. Podemos lembrar de nossa juventude. Éramos tão apaixonados, ou, eu era" Suspirou, e a palestra começou.

— Que dor! Meu Deus! Por que sofro tanto?

Laís resmungava, isto era rotineiro. Morava sozinha numa casa grande e bonita desde que tinha ficado viúva há cinco anos. Falava muito sozinha, e a empregada, acostumada, dificilmente respondia, porque, se o fizesse, teria de escutar alguns minutos de lamúria.

— Todos têm de ficar lá! Todos! Célio tem de ter responsabilidade para com elas. Gastar com os filhos e não com amantes. Nada de facilidade para Célio. Ele não merece! Meu trauma foi grande. Muito grande! Minha Maria Tereza!

Laís era mãe de Tetê, consequentemente sogra de Célio, de quem não gostava.

— Já pedi e espero que meus dois filhos estejam atentos na firma. Existem muitas injustiças, e uma delas é Célio estar lá. Foi meu marido quem trabalhou e construiu aquele lugar.

O esposo de Laís, homem trabalhador e inteligente, fundou uma indústria, um curtume, onde beneficiavam couro e vendiam para indústrias de calçados. Quando ele desencarnou, metade ficou para ela e a outra, para seus três filhos, dois homens e Maria Tereza, mas quem cuidava da parte da filha era o marido, Célio. Os quatro sócios recebiam ordenados. Laís queria que o curtume ficasse somente para os dois filhos, queria tirar a filha da sociedade, isto para não ter o genro como sócio. Houve brigas, Tetê não queria ser prejudicada. Foram muitas as discussões onde se ofenderam e se magoaram muito.

— Todos, já decidi, têm de ficar lá! Ninguém deve sair da casa e facilitar a vida de Célio.

— Até amanhã dona Laís — despediu-se a empregada.

Laís ficou sozinha e foi verificar se a casa estava realmente fechada.

A tarde terminava e, com certeza, teria mais uma noite de solidão.

2º CAPÍTULO

A noite

Assim que o casal Célio e Luciene saiu, Beatriz e Simone foram do quarto para a cozinha.

— Vou fazer uma sopa — determinou Beatriz —, com sua ajuda logo estaremos jantando.

Maria Tereza também saiu do quarto andando com dificuldade, foi à cozinha e ficou olhando com carinho para as filhas.

"Como elas estão lindas! Pena que não consigo falar. Estou tão doente! Que doença triste é este AVC. Movimento pouco o braço direito, arrasto-me para andar, não consigo falar nem escrever. Ficarei olhando-as e depois jantarei com elas. Ainda bem que a intrusa saiu. Que desaforo! Antes Célio não trazia amantes para casa, bastou eu ficar doente para não me respeitar mais."

— Ainda bem que a intrusa saiu — falou Simone. — Não a tolero. Hoje no almoço ela fez uma comida ruim, e papai disse que gostou. Como não comi muito, Luciene disse que eu estava certa, tinha de fazer regime porque estou gorda.

— Não ligue para ela, Si — pediu a irmã. — Penso que Luciene quer papai, mas não a nós. Se pelo menos vovó Laís nos ajudasse. Não compreendo vovó, mora sozinha naquele casarão, queixa-se de solidão e não nos quer.

"Sua avó é rancorosa!", pensou Maria Tereza. "Ela é ruim. Não me desculpa por nossa briga. Nem eu estando doente vem me visitar, alega que não quer ver Célio. Não posso desculpá-la!"

— Vovó é ruim, não quer desculpar — falou a irmã caçula.

— Não devemos julgá-la. Que tal mudarmos de assunto? Foi como planejou na casa de Mariana? Fizeram a tarefa de férias?

— Gosto de ir à casa de Mariana. A mãe dela fez para nós um lanche gostoso. Pena que não vi o Mateus. Ele é muito bonito!

— O irmão de Mariana é velho para você. Si, você é muito nova, não deve pensar em namoro. Se papai descobre será com certeza um transtorno.

"É verdade, filha", pensou Maria Teresa, já que não conseguia falar. "Se Célio desconfiar, não irá deixar mais ir à casa de Mariana. E, concordo, você é muito nova para namorar."

— Nova para namorar! — Exclamou Simone. — Não se preocupe, Mateus não está interessado em mim. Talvez ele me ache menina ainda.

Beatriz pensou no moço, achava-o lindo, educado e, sempre que se viam, ele a olhava insistentemente. Mas ela não queria namorar. A situação estava muito preocupante para pensar em namoro.

"Ainda bem que compreendo tudo!", pensou Maria Tereza e suspirou.

Simone suspirou.

— Nossa, que suspiro doído! Por que, maninha? — Beatriz quis saber.

— Bia, não estou gostando mais de ficar em casa. Às vezes não me sinto bem aqui.

— Está doente? Se estiver, faço papai levá-la ao médico.

— Não é isso. É algo estranho. De alma. Entende?

— Não! — respondeu Beatriz. — Ou melhor, penso que a entendo. Esta casa está tão diferente! Queria ficar mais com você como antigamente. Estudando à noite fico pouco em casa. Chego cansada e vou dormir. Desculpe-me, Si, eu não ter tempo para você.

— Você não deveria precisar trabalhar. Isto é maldade! — exclamou Simone.

"Que pai horrível vocês têm!", lamentou Maria Tereza. "Não perdoo Célio pelo que está fazendo. Mas tenham paciência, minhas queridas, ficarei boa, e aí ele vai ver só."

— Vamos ter paciência. Vai melhorar! — falou Beatriz.

— Será? — duvidou Simone. — E se Luciene se mudar para cá de vez?

— Vamos jantar. A sopa está quente.

As duas se sentaram de frente uma para a outra, e Maria Tereza, na cabeceira. Serviram-se.

— Está gostosa! — elogiou Simone. — Parecida com a que mamãe fazia.

"Bia me via fazendo e aprendeu. Queria tanto fazer de novo comidas, as que elas gostam."

Jantaram em silêncio.

— Vamos somente tirar as louças da mesa — determinou Simone. — Amanhã é dia da Rosita vir.

— Ainda bem que papai não a dispensou! — exclamou a irmã mais velha. — Rosita está conosco há muito tempo. Vem duas vezes por semana, lava, passa as roupas, limpa a casa e, atualmente, quando vem, faz o almoço e dá para o jantar.

Foram para a sala, ligaram a televisão, mas ficaram conversando assuntos rotineiros, sem importância. Maria Tereza sentiu-se cansada, ficou pouco tempo na sala, levantou-se, beijou as filhas e foi para seu quarto.

Beatriz logo depois sentiu sono e foi dormir, Simone ficou mais um pouco vendo televisão.

— Vou aproveitar que papai e aquela moça não estão aqui para assistir meu programa preferido.

O telefone tocou. Era Rosita avisando que não iria no outro dia, mas sim quarta-feira.

"Amanhã", pensou a menina aborrecida, "terei de lavar toda a louça e sozinha."

Foi dormir.

Luciene e Célio, ao chegarem no restaurante, foram direto à mesa reservada.

"Aqui é caro", pensou Célio, "mas eu mereço comer bem de vez em quando. Lu é boa companhia. Devo me distrair, estou com muitos problemas. Aquela minha sogra, ou ex-sogra, me persegue. Mulher perversa! Atormenta-me! Já tive muitas sogras. A mãe de Irene também não era fácil. Como será a mãe de Lu? Conheço seus pais, eles me tratam bem, são educados, mas até quando? Por isso evito ir à casa deles. Não quero intimidades com sogros."

— Já escolhi, querido.

Célio pensava enquanto fingia ler o cardápio.

— Vou pedir o mesmo que você, amor, sabe melhor do que eu o que escolher.

Luciene fez o pedido. Célio resolveu esquecer seus problemas e aproveitar a noite. Conversaram sobre o local, comidas, vinhos e depois a moça falou:

— Célio, não seria bom termos uma criança? Elas nos dão muitas alegrias, enfeitam a vida.

— Pode ser — respondeu ele, não gostando da conversa —, mas elas crescem e somente nos dão problemas.

— Está sendo injusto. Seus filhos não dão problemas. Não se envolveram com drogas, são bons alunos, bonitos e sadios.

— Não quero ter mais filhos — determinou Célio. — Quando começamos a namorar, eu lhe disse isso. Não a estou enganando. Não quero!

Luciene se magoou, mas disfarçou; a comida chegou, e passaram a comer. Ele distraiu-se, e a moça pensou:

"Já faz três meses que não estou tomando anticoncepcionais. Vou ficar grávida! Quarta-feira tenho consulta com minha ginecologista. Ela, na consulta anterior, afirmou que estou sadia e que logo engravidaria. Depois de grávida, Célio mudará de ideia. Seremos um casal feliz. Eu terei o filho que tanto quero."

No horário marcado, Irene foi à consulta marcada. Dona Chica era uma mulher de cinquenta anos, muito arrumada e maquiada. Atendia pessoas com horários marcados e de tal modo que seus "amigos", como chamava os seus consultantes, não se encontravam. Seu escritório era um cômodo em sua casa. Uma filha a ajudava como secretária. A sala era discreta no mobiliário, mas havia alguns quadros estranhos, com figuras diferentes, na parede e, no centro da sala, havia uma mesa com várias imagens e velas coloridas acessas.

Dona Chica, como sempre, cumprimentou Irene com beijinhos, pediu que se sentasse numa cadeira em frente à mesa, e se sentou numa outra, mais alta.

A intrusa

— Vou primeiro ler sua sorte — falou a senhora.

Embaralhou as cartas, organizou algumas pedras, pediu para Irene cortar o baralho e finalmente falou:

— Seus caminhos estão abertos. Você, com nossa ajuda, ganhará a causa. E um outro amor aparecerá em seu caminho.

Como Irene não perguntou nada, Chica recolheu as cartas e perguntou:

— O que de fato deseja?

— Quero separar Célio dessa outra mulher que namora.

— Pense bem no que quer — aconselhou Chica.

— Já pensei — respondeu Irene. — Quando vim aqui e pedi para separar Célio da esposa, isto ocorreu, ele se separou, mas não ficou comigo.

— Por isso que a aconselho. Você tem certeza do que quer? Você pagou para separá-los, e os separamos. Pensei que você tinha certeza de que ficariam juntos.

— Não foi muito trágico? — quis Irene saber. — Vocês têm poder para tudo isso?

— Claro que sim. Sou poderosa![1]

---

1. N. A. E.: Chica mentiu. Tenho visto, infelizmente, pessoas que fazem maldades não ter nenhum escrúpulo em mentir. Como existem pessoas que fazem o bem, infelizmente ainda muitos imprudentes fazem o mal, como essa mulher, que dizia ler sorte, separar casais, fazer pessoas se apaixonarem etc. Chica tinha mediunidade, que, infelizmente, usava para fazer maldades e ganhar dinheiro. Qualquer mal feito, para dar resultado, precisa encontrar ressonância na pessoa-alvo para esta ser atingida. E existe limite para essas maldades. Uma delas é que não se consegue desencarnar ninguém. Tenho, infelizmente, observado vítimas desses atos nocivos adoecerem por serem colocados ao seus lados desencarnados dementes, que sofrem desorientados e que vampirizam energias dos encarnados alvo, e estes se perturbam, ficam nervosos, enfraquecidos de energia e aí se sentem enfermos. Porém, existem remédios eficazes para estes males: orações, bons pensamentos e sentimentos, a prática de caridade, boas leituras, o entendimento dessa possibilidade, o auxílio de religiões e, com êxito, do espiritismo. Infelizmente, separar casais, fazê-los romper um relacionamento, não é difícil, isto porque somos ainda melindrosos, ofendemos facilmente e damos muita importância a ditos e desaforos.

— Já decidi! — afirmou Irene. — Não quero mais o Célio, não depois que me ofendeu. Sinto raiva dele. Estou interessada em outro homem.

— Casado?

— Sim, mas desta vez não quero separá-lo da esposa. Decidi ser somente a amante. A esposa que cuide dele, a minha parte será a melhor. Célio merece uma lição. Trocou-me por outra, e não quero que fiquem juntos. Dona Chica, a audiência será na quarta-feira à tarde. Quero que Célio me pague! O que me aconselha a fazer?

— Lembro-a de que dez por cento do que receber é meu — falou Chica.

"Dez por cento mais quinze por cento da advogada, acabarei recebendo pouco", Irene pensou, lamentando.

— Este dez por cento paga também o trabalho para separá-los? — perguntou a moça.

— Não. Cada caso é um caso. Porém, farei para você um abatimento.

— O que me aconselha fazer nesta audiência? É justo o que estou pedindo. Perdi anos com ele pensando que um dia se casaria comigo. Privei-me de muitas coisas. Poderia ter conhecido outro homem, constituído família e...

— Irene — interrompeu Chica —, você está falando comigo e não com o juiz. Mas está ótima, lamentando assim, convencerá a todos na audiência.

— A advogada me explicou que o juiz tentará nos convencer a fazer um acordo.

— Deve aceitar. Preste atenção. Meus amigos desencarnados ficarão perto de Célio e tentarão induzi-lo a fazer um acordo. É melhor aceitar, receberá menos, mas é preferível do que uma briga de anos que não se sabe no que dará. Célio fará uma proposta tendo a certeza de que você não aceitará. Mas deve aceitar. Você recebe, me paga e me reembolsará para que separe o casal.

"Como ela explora!", pensou Irene. "Mas é isto que quero."

— Combinado! — Irene concordou.

— Vou protegê-la.

Chica levantou-se, pegou uma estatueta pequena de uma figura de um homem com chifres e de roupa vermelha e preta e, na outra mão, um punhal. Pronunciou algumas palavras baixinho.

— Pronto, está protegida!

Colocou os objetos em cima da mesa e ergueu a mão direita. Irene colocou o dinheiro nela, e Chica, rápido, o fez desaparecer no bolso.[2] Despediram-se, e Irene voltou para casa; sentia-se nervosa, mas confiante.

Beatriz e Simone estavam dormindo quando o casal chegou. Maria Tereza, de seu quarto, escutou-os. Ficou quieta, estava pensativa e recordou: era adolescente quando conheceu Célio e se enamoraram, ou ela se apaixonou, e namoraram escondido. Seus pais não aprovaram o namoro, afirmavam que Célio não era moço para namorá-la, colocaram vários empecilhos, que ela pensava ser pelo namorado ser pobre.

---

2. N. A. E.: Tenho estudado ou tentado entender como um ser humano pode desejar tanto o mal para seu próximo a ponto de recorrer àqueles que afirmam fazer maldades. São muitas as maneiras de executar estes "trabalhos", que também são denominados por diversos nomes. Nestas ações maléficas, ambos, aqueles que as fazem e os pagantes, mandantes, terão de responder pelos atos, e a colheita não costuma ser fácil.

"Agora sei", pensou Maria Tereza, "que meus pais tinham razão. Célio me enganou. Namoramos escondido por três anos e então decidimos que eu deveria ficar grávida para podermos casar. Deu certo: com minha gravidez, meus genitores fizeram nosso casamento. Fomos morar numa pequena casa de meus pais, e Célio foi trabalhar no curtume. No começo, vivemos felizes, Júnior nasceu, depois Beatriz... ela era bebê quando descobri a primeira traição de meu marido. Fiz um escândalo. Ele me pediu perdão, prometeu não ver mais a amante, e eu não contei a ninguém. Depois que Simone nasceu, Célio passou a me trair mais. Brigávamos muito e, infelizmente, escutei de meus pais: 'Eu avisei!'. Célio sempre foi trabalhador, e seu ordenado no curtume é alto. E meu pai, há anos, nos deu, para mim e meus irmãos, uma boa casa; então nos mudamos para cá. Papai não queria uma filha separada, dizia: 'Casou, tem de aguentar'. E eu também nunca quis, de fato, me separar. Penso que sempre o amei. Nunca me queixei, nem à mamãe, mas os comentários de que meu esposo tinha amantes chegaram aos meus familiares, e todos ficavam chateados. Minha família não é unida, meus pais e irmãos vieram poucas vezes aqui em casa, e eu ia raramente à deles. Agora está pior, eles não vêm me ver, e há tempo que não os vejo."

Maria Tereza olhou para os remédios na cabeceira de sua cama.

"Ainda bem que os remédios têm dado resultados. Estou muito doente, mas, esforçando-me, consigo andar e me virar sozinha. Penso que estou melhorando. Célio tem aproveitado, abusado comigo doente. Brigada com mamãe, ela não me visita, e meus irmãos devem ter ficado do lado dela; também eles não vêm me ver. Meu esposo, por eu não poder reagir, tem trazido a amante para casa, para dormir com ele em seu quarto. Ainda bem que não é a Irene. Deve ter se cansado dela."

Levantou-se devagar, foi ao corredor em que a luz ficava sempre acesa à noite. Maria Tereza assustou-se, viu Luciene saindo do quarto. Ambas se olharam com raiva e exclamaram juntas:

— Intrusa!

Uma pensou e a outra falou, completando em tom autoritário:

— Saia daqui! Esta casa não é mais sua!

Maria Tereza esforçou-se para falar e não conseguiu. Luciene virou as costas e saiu.

"Foi embora!", pensou Maria Tereza e voltou para o seu quarto.

— Mamãe! Mãezinha!

Maria Tereza sorriu; Simone entrou no quarto e foi direto para os braços da mãe, onde recebeu afagos.

"Você está triste?", indagou a mãe em pensamento.

— Mamãe, estou triste. Penso que estou gostando do Mateus, mas ele não se interessa por mim, acho até que ele está interessado na Bia. Coitada, minha irmã está tão cansada...

E ficou minutos falando com a mãe, que, carinhosamente, passava as mãos sobre a cabeça da filha e, de vez em quando, a beijava.

Depois Simone voltou para o seu quarto e Maria Tereza se acomodou na cama.

"Ainda bem que estou aqui! Doente, mas estou. Quando melhorar, expulso a intrusa desta casa."

Adormeceu.

Armando chegou em seu apartamento. Alugara um pequeno e o mobiliou com capricho. Sentou-se no sofá e orou. Nas suas orações, lembrava-se sempre com carinho da filha e da esposa, desejando que estivessem bem e juntas no plano espiritual. Pediu proteção para o filho e, naquela noite, orou para Maria Tereza.

"Sei onde Tetê morava com os pais. Conheci a mãe dela, a dona Laís, fui lá duas vezes para fazer trabalho de grupo da escola. Ela tratava bem os colegas da filha. Vou lá. Se dona Laís não me receber, paciência."

Recordou-se de como conheceu Maria Tereza.

"Tínhamos acabado de mudar para a cidade e, no primeiro dia na escola, vi Tetê e me enamorei. Éramos jovens, adolescentes. Conversávamos sempre. Os amigos brincavam conosco, dizendo que tínhamos muitos assuntos. Gostávamos dos mesmos cantores, músicas, livros e, de fato, sempre tínhamos assuntos. Apaixonei-me, era um amor platônico, sincero e forte. Um dia me enchi de coragem e disse que gostava dela. Lembro-me bem, Tetê sorriu e respondeu: 'Também gosto de você. Mas namorá-lo não será possível. Primeiro, sou muito jovem e meus pais não me deixam ter compromisso. Papai diz que somente namorarei quando fizer dezoito anos. Depois, penso que eles não me deixarão namorá-lo'. 'Por ser negro?', perguntei. 'Talvez!', respondeu Tetê. Depois daquele dia, ela passou a me evitar, até que nos separamos. Tempos depois, mudamos de cidade. Eu sofri muito. Adolescente, a paixão era forte. Amei-a! Pela primeira vez e, ainda bem que foi a última, revoltei-me por ser afrodescendente. Tomara que ela esteja bem."

Cansado, foi dormir.

Júnior, depois que entregou os pacotes, recebeu o dinheiro e pagou o aluguel para a dona da pensão. Ficou no quarto e demorou para dormir. O cômodo era pequeno e tinha duas camas, a que dormia e outra do Ney. Tinha também uma mesa pequena, duas cadeiras e um pequeno roupeiro, que dividiam. Embora o armário fosse minúsculo, estava quase vazio, ambos tinham poucas roupas. Em cima da mesa estavam cadernos e livros. O banheiro ficava no corredor e era usado pelos inquilinos de quatro quartos. Ney e ele estudavam engenharia civil, eram bons alunos. Seu companheiro de quarto era órfão de pai, sua mãe morava numa cidade longe, e ele ia para casa somente nas férias do final do ano. Escrevia sempre para a mãe e, uma vez por mês, telefonava para ela. Ambos, Júnior e Ney, contavam moedas, como costumavam dizer, passavam por privações para estudar.

Que vida! — lamentou o jovem. — Estou com saudades delas. E muitas da mamãe! A vida de Beatriz e Simone também não deve estar nada fácil. Como mamãe nos ajudava! Antes de adoecer, costurava muito. Fazia vestidos de festa, tinha as mãos de fada, as roupas ficavam maravilhosas. Trabalhou tanto com as mãos! — suspirou. — Mamãe era organizada e fazia papai nos dar dinheiro. Agora, tudo mudou.

Demorou para dormir.

3º CAPÍTULO

Quarta-feira

Na quarta-feira, Beatriz levantou cedo como sempre e foi trabalhar. Ao chegar na loja, viu Nestor, que a cumprimentou sorrindo.

— Bom dia, Beatriz. Como está passando?

— Bom dia! Bem, e o senhor?

Ela entrou na loja. Antes de abrí-la, as funcionárias organizavam o estoque, faziam a limpeza e conversavam.

— Bia, o senhor Nestor está interessado em você — comentou uma colega.

— Ele é velho, mas é rico — disse outra amiga.

— O senhor Nestor — contou uma outra — fica esperando você todas as manhãs, abre a loja dele, fica na porta e, só depois que você entra, ele vai para dentro. Já o vi também olhando para você quando sai à tarde.

— Ele é rico mesmo? — perguntou Beatriz.

— É — respondeu a primeira que comentou. — O senhor Nestor é dono destes prédios, de seis lojas e tem a dele, de roupas masculinas.

A proprietária da loja, patroa de Beatriz, escutou a conversa e pediu:

— Beatriz, venha comigo ao meu escritório para me ajudar a limpá-lo.

No escritório, Ana Maria, a proprietária, falou:

— Beatriz, escutei os comentários; também já percebi que
Nestor tem olhado muito para você. Não tenho nada com isso,
porém quero alertá-la caso tenha interesse nele. Nestor é velho para você. Ele tem quarenta e seis anos, penso que é mais
velho que o seu pai. De fato, ele é rico. Teve algumas namoradas e nunca levou nenhuma a sério, logo cansa das garotas.
Talvez com você possa ser diferente, é muito jovem, nunca namorou e é de boa família. Mas ele é estranho, entende?

— Não, senhora, não entendo — respondeu Beatriz.

— Ele sempre fala mal de suas ex-namoradas, diz que
elas eram ciumentas. Talvez ele não goste tanto assim de
mulheres.

— Homossexual?

— Não falei isso! Por favor, não repita o que não disse.
Não sei de nada, talvez nem ele saiba. Somente disse que ele
é estranho. Não fale desta nossa conversa a ninguém. Ele é
dono deste prédio. Promete que não irá falar a ninguém o
que eu lhe disse?

— Não falo! Prometo! — afirmou a jovem.

— Pronto, acabamos — falou Ana Maria.

Beatriz voltou para perto das colegas, e uma delas contou:

— A dona Ana Maria já esteve muito interessada no senhor Nestor. Como a mais velha funcionária da loja, lembro
disso, eles saíram juntos muitas vezes. Não deu certo; tempos depois, ela casou-se com o senhor Pedro.

— Você acha o senhor Nestor estranho? — perguntou Beatriz.

— Nunca reparei muito nele. Estranho por ser solteiro?

Se for por isto, não acho. Ainda nos dias de hoje, quando alguém mais velho ainda é solteiro, logo se comenta. Penso que você deveria prestar mais atenção nele, que é educado, muito trabalhador e agradável.

Entraram clientes, foram atender. Porém Beatriz ficou pensando em Nestor.

"Ele não parece ter quarenta e seis anos. Mas seus cabelos estão ralos na testa. É alto, forte, está sempre com barba bem feita, seu rosto é liso, não tem rugas, ou tem menos que papai."

Resolveu não pensar mais nele e dar atenção às clientes.

Simone acordou com o barulho da diarista. Levantou-se e foi ajudá-la.

— Gosto quando você vem — afirmou a garota. — É tão ruim acordar e não ter com quem conversar. Nas férias fica pior. Vou ajudá-la. Quero que o quarto do Júnior fique arrumado, ele vem no sábado.

— Isto é bom! Júnior é alegre e bonito!

Rosita lavou as louças e roupas, foi arrumar a casa e bateu na porta do quarto de Maria Tereza.

— Dá licença? Posso entrar?

— Por que está fazendo isto? — perguntou Simone.

— Não se entra num aposento fechado sem antes bater.

Rosita abriu a porta, entrou no quarto e abriu a janela. Maria Tereza já tinha acordado, sorriu com o barulho da faxineira.

"Como sempre, minha ajudante está alegre", pensou Maria Tereza. "Vou levantar e sair do quarto, se não ela arruma a cama comigo aqui."

Levantou-se e foi sentar na poltrona da sala.

— Que cheiro de remédio! — exclamou Rosita. — Este quarto sempre cheira a remédio. Arrumo-o de quinze em quinze dias. Você vem me ajudar?

— Não. Vou arrumar meu quarto — respondeu Simone.

A diarista cantou uma música que estava no momento tocando no rádio e às vezes dançava. Simone ria.

— Antigamente — falou Rosita —, tudo era diferente nesta casa. Gostava de ver sua mãe costurar. Fazia cada vestido lindo. Ela me dava suas roupas, as que não usava mais. Agora não costura mais, e tudo mudou. Dona Tetê ria muito comigo. Contava a ela dos bailes que ia e fofocas das outras patroas. Bons tempos aqueles! Quando você está na escola, não tenho com quem conversar, é tão chato! Pronto, o quarto está limpo. Fecho ou não a janela?

— Feche!

— É por isso que este quarto cheira a remédios! — lamentou Rosita.

Fechou a janela, o quarto, e foram limpar o que Júnior ocuparia nas férias.

"Júnior virá no sábado. Estou com muitas saudades do meu filho!", Maria Tereza suspirou.

Voltou para seu quarto. Rosita era muito atrapalhada em suas limpezas, se não saísse da frente, ela passava por cima.

Simone se distraiu com a faxineira, e a casa ficou limpa.

Luciene foi à sua consulta.

— Você está muito bem — afirmou a ginecologista. — Como lhe falei, talvez pela idade, demore um pouco para engravidar. Aproveite bem seu período fértil. Pelos seus exames, não encontro nada que a impeça de logo ter seu neném. Seu esposo já fez os exames? Está tudo bem com ele?

— Não nos casamos ainda, mas logo nos casaremos. Ele tem três filhos.

— Isso não impede que algo tenha acontecido depois. Se você não engravidar em dois meses, peça a ele para procurar um médico.

Conversaram mais um pouco, Luciene despediu-se animada.

"Logo terei meu filho. Escolhi os nomes, penso que Célio concordará. Acho que vou querer ter dois filhos. Grávida, caso, convenço Célio a se mudar daquela casa, e ele dará mais atenção a mim e ao meu filho."

Passou por uma loja de roupas infantis, ficou um tempo olhando as vitrines.

"Estou com vontade de comprar algumas roupas. Mas é melhor me controlar; assim que estiver grávida, comprarei. Talvez até esteja. Vou aguardar com ansiedade."

No horário marcado, Célio, com seu advogado, e Irene, com sua advogada, foram à audiência. Enquanto esperavam, os dois não se cumprimentaram, mas observaram um ao outro.

"Como pude me iludir com este homem?", pensou Irene. "Quando o conheci, sabia que era casado. Encantei-me com seus elogios, seu modo galante. Tenho de admitir: ele me falou que nunca ia se separar da esposa, porque era casado com comunhão de bens; se o fizesse, teria de repartir tudo que tinham e, com certeza, ele levaria a pior. Ficamos juntos estes anos e agora tem de me dar uma indenização. Vou seguir os conselhos de dona Chica. Vou ficar calma."

Célio também pensou:

"Irene é bonita. Tivemos bons momentos juntos. Dei a ela muitas coisas, tanto que deixou de ser empregada e comprou uma loja, de onde tira o seu sustento. Ambiciosa! Quer mais. Será que terei de pagá-la? Vou fazer o que meu advogado me aconselhou. Vou fazer uma oferta. É a quarta parte do que ela me pede. Com minha oferta, o juiz entenderá que eu estou a fim de acertar, de indenizá-la. Ela alega que ficou estes anos comigo enganada, pensando que eu casaria com ela. Com toda certeza Irene não aceitará e o processo irá longe; se ela ganhar, apelarei, e anos passarão."

Mas, para a surpresa de Célio, Irene aceitou. E ele teve de pagá-la. Raivoso, esforçou-se para não agredi-la. Irene saiu vitoriosa, ficou contente ao ver a ira do ex-amante. Alegrou-se ainda mais e não conseguiu conter o riso ao vê-lo fazendo o cheque. Saiu do fórum e foi ao banco, sua advogada foi junto, descontou o cheque, separou o que restaria e colocou numa conta poupança. Pagou a advogada, foi levar a parte de dona Chica como havia combinado e também a pagou pelo trabalho que faria para separar Célio de Luciane.

"Ter ganho este dinheiro foi muito bom!", Irene pensou contente. "Porém, ver a raiva de Célio foi o maior prazer que tive nestes últimos tempos. A dor pior para ele é a do bolso. Castiguei-o! Agora é esquecê-lo e me dedicar ao outro."

Célio pensou que ia passar mal de tanta raiva que sentiu. Usou, para pagar Irene, de seu cheque especial. Contabilizou suas finanças e resolveu vender um dos seus carros, o mais novo.

"Se tenho", pensou Célio, "de fazê-lo, devo fazer logo. Os juros são abusivos. Irene somente me deu prejuízos".

Passou numa loja de veículos. Teve sorte, compraram seu carro. Foi ao banco, depositou o cheque, transferiu para sua conta a poupança que tinha e uma aplicação. Não ficou com nada, mas não usaria de seu cheque especial. Foi para casa muito mal-humorado. Telefonou para Luciene contando o que havia ocorrido na audiência e pediu para ela não ir vê-lo, queria ficar sozinho.

Simone, vendo o pai nervoso, ficou no seu quarto e, quando Beatriz chegou, Célio as chamou à sala e disse:

— Por uma tremenda injustiça, tive de dispor de muito dinheiro. Vendi o carro novo e terei de usar o velho. Usei, para pagar, todo o dinheiro que tinha. Por isso, economia! Não tenho dinheiro para nada.

— Economia? O senhor não tem nos dado nada! — queixou-se Simone indignada.

Beatriz interferiu:

— Sinto muito, papai. Com certeza, logo o senhor poderá comprar outro carro. Ainda bem que tem o reserva. Não sei como podemos ajudar.

— Nem eu. Ultimamente, nada tem dado mais certo nesta casa. A doença de sua mãe! Gastei muito.

— Papai, que injustiça que lhe fizeram? — Beatriz quis saber.

— Irene ganhou a ação.

— Mas já foi julgado? — Perguntou Beatriz.

— Na audiência de reconciliação, eu fiz uma proposta com a certeza de que Irene recusaria porque ela havia me pedido quatro vezes mais, mas ela aceitou. Tive de pagar. Não tinha dinheiro, então vendi o carro e tirei todo o dinheiro que tinha aplicado.

— O senhor deu muitas coisas para essa Irene — falou Simone. — Pensa que não sabemos, nós aqui em casa, que o senhor deu a ela uma loja? Mas por que foi se envolver com ela?

Célio, que já estava nervoso, ficou mais ainda. Beatriz, temendo a ira do pai, pegou na mão da irmã e a puxou para o quarto.

— Injustiça? — queixou-se Simone. — Injustiça é o que ele tem feito conosco. Vamos conversar com a vovó? Vamos à casa dela contar nossa situação.

— Vovó Laís não quer nos ajudar — lamentou Beatriz. — E não temos avós paternos.

— Com a família do papai é que não podemos contar mesmo. Ele tem dois irmãos que estão sempre tentando explorá-lo. Vamos novamente falar com vovó. Quem sabe se desta vez ela nos ajuda.

— Está bem, vamos — concordou a irmã mais velha.

Arrumaram-se rápido, saíram do quarto, foram à sala, e Beatriz avisou:

— Papai, vamos à casa de vovó Laís, não demoraremos.

— Por que vão lá? Para serem ofendidas? Se forem para isto, merecem mesmo que sua avó xingue vocês.

Não responderam e saíram. As duas conversaram pouco durante o trajeto. Chegaram, tocaram a campainha, e a vó veio recebê-las. Abraçaram-se, entraram, sentaram no sofá da sala e, depois de perguntas de como estavam, Laís reclamou:

— Estou muito solitária. A empregada fica durante o dia. Quando ela vai embora, fecho a casa e fico aqui sozinha.

— Então, vó — disse Beatriz —, se a senhora não gosta de ficar sozinha, por que não nos deixa vir morar aqui?

— Não! Isso não! Vocês têm de ficar lá! — exclamou Laís.

Simone se levantou, e Beatriz puxou-a, fazendo-a sentar novamente.

— Por quê? — perguntou Beatriz.

— Vocês têm de ficar lá! Entenderam? Será muito fácil para seu pai sem esta responsabilidade. Ficará como ele quer, livre e solto. Todos têm de ficar naquela casa!

— Mas, vovó, está difícil para nós — lamentou Beatriz.

— A senhora sabe como estamos sendo sacrificadas? — perguntou Simone. — Não frequento mais as aulas de balé; saímos do inglês e do espanhol; Bia transferiu seu estudo para a noite, está trabalhando numa loja. Sabe disto, não é?

— Sei. Vocês já me disseram. O que vocês querem que eu faça? Sustentá-las? É o que seu pai quer, não é? Foi Célio quem as mandou aqui? Ele quer ficar livre de vocês. Por isso não! Minha resposta é não! Não quero vocês aqui.

Simone se levantou e, desta vez, foi ela quem puxou a irmã e exclamou, esforçando-se para não chorar.

— Que fique então sozinha! Que a solidão seja sua companheira.

Simone puxou com força a irmã para a porta, arrastou-a rumo ao portão.

— Tchau, vovó! — disse Beatriz.

A irmã caçula bateu o portão com força. Laís foi atrás, trancou o portão, a porta, sentou-se novamente no sofá. Chorou e falou alto:

— Não posso, aceitá-las! A raiva delas passará e entenderão que não devo facilitar as coisas para esse genro horrível.

Lastimando, ficou até tarde tentando se distrair na frente da televisão. Foi dormir de madrugada.

As duas garotas saíram da casa da avó arrasadas.

— Infelizmente, papai tinha razão! — exclamou Simone, enxugando as lágrimas. — Vovó não nos quer. Nunca mais volto aqui. Bia, e se falássemos com nossos tios?

— Eles fazem o que vovó quer. Não adianta. O melhor é voltar para casa e tentar de tudo para conviver melhor com papai e com Luciene.

— Aquela intrusa! — Simone estava com raiva.

— Por que você se refere a ela como "intrusa"? — perguntou Beatriz.

— "Intrusa" não é uma pessoa que ocupa o lugar de alguém? Que o faz indevidamente, ilegalmente? É um ser intrometido. Luciene não é isto? Para mim, é! Nossa situação, de ruim, ficará pior. Vovó é uma pessoa rancorosa e má!

— Ela tem motivos — defendeu Beatriz.

— Não ouse defendê-la na minha frente. Você pensa que ela está certa?

— Não disse isso. A atitude de vovó me magoou também. Penso que ela quer atingir papai. Acha que, se ele não ficar conosco, estará melhor, sem responsabilidades. Vovó não quer que isto aconteça. Pensa que nós o atrapalhamos, não quer facilidades para ele.

— Se possível, quer inferná-lo. Que família! O melhor é não contar ao papai o que aconteceu aqui. Vamos andar bem devagar. Ao chegar, se ele perguntar, responderemos que vovó está bem e que a visita foi boa.

Não conversaram mais, estavam chateadas e foram andando devagar. Ao chegar, o pai perguntou:

— E aí, como está sua avó?

— Bem, a visita foi boa — respondeu Beatriz. — Vamos dormir. Boa noite!

Entraram no quarto.

— Não vou contar a mamãe. Ela ficará triste — disse Simone.

— Você pensa mesmo que mamãe a entende? — Perguntou Beatriz.

— Penso, sim. Eu falo, e ela escuta. Por isso não vou contar nada de como a mãe dela, vovó Laís, nos tratou.

Deitaram-se. Simone resolveu esquecer o episódio. Talvez por ter desabafado e por ser ainda tão jovem, pensou em outras coisas e logo adormeceu. Beatriz estava muito triste, ficou pensando:

"Preciso fazer alguma coisa. Necessito encontrar uma solução. Não podemos continuar assim."

Chorou baixinho e demorou para dormir.

Célio ficou acordado vendo televisão, mas não se interessava, estava muito aborrecido.

"Irene!", xingou-a mentalmente. "Interesseira! Algumas pessoas me alertaram sobre ela. Não escutei ninguém! Até Tetê tentou me abrir os olhos em relação a esta amante. Agora pago por isto. E como ela me saiu caro! Dava-lhe dinheiro para presentes. Comprei a loja e lhe dei. Nunca imaginei que Irene, ambiciosa como é, aceitaria minha oferta. Sinto-me o ser mais imbecil do mundo! Para mim, ela recusaria, e iríamos ficar com esta pendência na justiça por muito tempo. Se perdesse, recorreria, e anos se passariam. Ela aceitou, me surpreendeu, e eu tive de pagar. Que este dinheiro não lhe traga fartura!

"As meninas", continuou Célio pensando, "tentaram disfarçar, mas voltaram da casa da avó muito tristes; com certeza pediram novamente para morar lá, e dona Laís recusou. Se minha ex-sogra pudesse, enxotava-me do curtume. Como não pode, tolera-me e tenta me infernizar. Que vida! Ainda bem que convenci, anos antes de Tetê ficar doente, a passarmos tudo o que tínhamos para nossos filhos. Será deles somente quando nós dois morrermos. Não posso vender sem eles assinarem, mas não quero vender. Na época, convenci minha esposa dizendo que, se ela ficasse viúva, teria como se sustentar. Porém pensei foi em mim, e fiz muito bem".

Irene estava contente, mas sentia uma pequena angústia: recebia as vibrações de raiva de Célio.[3] Também estava em frente da televisão, mas não prestava atenção. Pensava na sua vida.

"Célio me cortejou por meses, enviava-me flores, bombons e presentes. Mamãe me alertou, porém acabei por me encontrar com ele e nos tornamos amantes. Para termos privacidade, ele alugou uma casa para que morasse sozinha. Trabalhava de balconista e, para me ter à disposição, comprou, para mim, uma lojinha. Célio não me enganou, contou que era casado e que não iria se separar da esposa para não dividir seus bens. Dizia me amar e se queixava muito da família. O tempo passou. Pensei: se ele se separar da mulher,

---

3. N. A. E.: Muitos estudiosos chamam este processo de "feitiço mental"; alguns, de "quebranto", "mau olhado" e de outros termos menos conhecidos. O que acontece realmente é que, neste caso, Célio, com raiva, sentindo-se injustiçado, criou uma energia negativa e a enviou a Irene que, receptiva, recebeu. Se a moça não estivesse receptiva, esta energia nociva não a atingiria. Nesta história real, ambos, Célio e Irene, não vibravam bem, eram ambiciosos, sensuais e egoístas. Célio criou, pelas suas atitudes, uma energia ruim e a enviou, mas, como acontece sempre, infalivelmente, ele ficou com a maior parte.

ficará comigo. Cansada de ser amante, quis ser a esposa e paguei para dona Chica separá-los. E aí, quando cobrei dele uma atitude, Célio me ofendeu. Disse claramente que eu não servia para esposa, somente para amante, e que não se casaria comigo. Separamo-nos. Processei-o. Aleguei que ele me enganou, que perdi anos de juventude com este relacionamento. Bem feito que perdeu! Porque penso que ele perdeu. Ofertou-me uma quantia pensando que recusaria. Aceitei, e ele teve de pagar. Odeio Célio!"

Trocaram energias nocivas, e ambos não se sentiram bem. Irene continuou a pensar.

"Vou investir em Edgar: é mais velho, casado e tem dinheiro. Vou conquistá-lo e ser sustentada por ele. Desta vez, não quero separá-lo da esposa. Quero somente um amante. Além de ser melhor, não terei de cuidar de ninguém."

Tomou remédios, um para dor de cabeça e outro para dormir, e foi deitar.

Chica, logo que recebeu o pagamento, reuniu-se com seus companheiros desencarnados e planejaram como separariam o casal Célio e Luciene. Rufino, o desencarnado chefe da equipe, como sempre fazia, iria primeiro sondar os envolvimentos: no caso, o casal. Foi com dois companheiros à casa de Luciene. Irene forneceu os endereços. Encontraram a moça em casa vendo uma revista de moda infantil. Não encontraram nenhuma resistência. Perceberam logo que naquele lar não se fazia o Evangelho, que oravam só de vez em quando e não eram assíduos em nenhuma religião. Rufino escutou a moça pensar:

"Logo ficarei grávida! Célio afirma que não quer mais filhos, mas, quando souber de minha gravidez, ficará contente."

— *Acho que encontrei um ponto para a desavença!* — exclamou Rufino aos seus subordinados. — *Será um trabalho fácil. Ela quer ter filhos, ele não. Você, Mimi* — falou à colega de trabalho —, *ficará com esta moça, não precisa ser em tempo integral. Visite-a sempre e a incentiva a querer mais ainda filhos. Se orarem, afaste-se logo. Não precisa se sentir incomodada com orações. Pode tentar.*

A desencarnada que Rufino chamou de Mimi aproximou-se de Luciene, ficou perto dela e falou:

— *Que bom ter um nenê! Esta criança a chamará de mãezinha. Será lindo! Você será uma bela mãe! Poderá vesti-la na moda, com essa roupinha!*

Luciene entusiasmou-se, parecia até sentir o bebê em seus braços.

— *Moleza!* — exclamou Rufino. — *Faça isso três vezes por dia. Você fica aqui por mais uma hora, depois volta para nosso abrigo.*

Foi à casa de Célio acompanhado do outro desencarnado. Encontrou-o raivoso.

— *O clima aqui está ótimo para nós. Vamos escutá-lo.*

Aproximaram-se de Célio, ouviram-no xingar Irene. Rufino indagou-o:

— *Você quer ter outro filho?*

Insistiu na pergunta até que Célio deixou de pensar em Irene e se lembrou de Luciene.

"Lu quer ter filhos. Eu não! Falei isto a ela no início do namoro, aceitou. Agora não tem de mudar de opinião."

Rufino riu e deu ordens.

— *Você, Nacrelo, ficará encarregado de o fazer pensar sobre isto: não quer ter mais filhos, eles incomodam, a vida é melhor sem eles, não enganou a namorada etc. A ordem é a mesma: se orarem, saia de perto; também não precisa ficar o tempo todo com ele. Vou informar Chica que ela pode nos dar o que prometeu. Teremos uma festa, poderemos sugar energias dos animais mortos. Beleza![4]*

Maria Tereza acordou, notou que ainda era noite, levantou-se, foi para o corredor, viu as filhas deitadas, sorriu e, ouvindo barulho na sala, foi devagar, sem fazer barulho, para lá. Não entrou, ficou atrás da porta, e viu Célio sentado no sofá, a televisão ligada, e dois homens com ele.

"Célio tem visitas", pensou Maria Tereza. "Não conheço esses homens, devem ser empregados do curtume ou amigos dele. Ainda bem que Luciene não está aqui. Não consigo ouvir o que eles falam. Vou voltar para meu quarto."

Sem entender bem o porquê, sentiu medo, retornou ao quarto, deitou-se novamente e orou. Maria Tereza não era muito religiosa, nunca fora, ia de vez em quando à missa, isto antes de adoecer. Costumava orar todas as noites, pedia a Deus proteção para sua família.

---

4. N. A. E.: Infelizmente, isso ocorre. Espíritos imprudentes agem ainda com maldade, não fazem nada sem receber algo em troca. Os encarnados como Chica alegam que custa caro fazer essas encomendas. Realmente, uma parte do que recebem, eles usam para comprar objetos, alimentos e, com crueldade, animais para oferendas. E desencarnados ainda muito materializados sugam energias do que lhes foi oferecido. Porém, alerto aos meus leitores que nem todas as oferendas são para maldades. Algumas são festas de agradecimento ou para descarregar energias nocivas etc. Mas as que envolvem crueldades, sacrifícios com animais e, infelizmente, ainda vidas humanas são normalmente para maldades. Crueldade é um erro que mais enloda as pessoas que a praticam, sejam encarnados ou desencarnados, e para se livrar deste lodo pegajoso quase sempre é com muito sofrimento e lágrimas de grandes dores. Perguntaram-me: O que acontece com essas vítimas humanas? Para a espiritualidade, é um desencarne como outro qualquer. Dependerá do merecimento ser ou não socorrido. Se for criança, será, sim, e de imediato. Como nada é por acaso, colhemos os frutos de nossa plantação. O algoz do presente, o que será no futuro? Construímos o nosso futuro. Outros erros podemos anular com o trabalho no bem, com amor; o da crueldade, somente amenizar, é muito difícil anular completamente. O retorno de nossas ações é infalível.

A intrusa

Na sala, Rufino sentiu que alguém rezava, olhou para Nacrelo e ordenou:

— *Vamos embora, você volta depois e sozinho. Qualquer novidade, avise-me.*

Os dois desencarnados saíram da casa.[5]

---

5. N. A. E.: Existem muitas maneiras de fazer o mal. Porém, infelizmente muitos imprudentes agem assim. Primeiro, vão ao local ou para perto de seus alvos para uma sondagem, para verificar hábitos ou os melhores lugares para abordar as pessoas para serem atingidas. Planejam. Depois de perceberem quais os pontos fracos para terem desavenças, eles incentivam, levando-as a aumentá-las para começarem as brigas. Perceberam facilmente, nesta história, como deveriam incentivar a discórdia. Luciene queria ter filhos, Célio não. Em outros, incentivam um a beber e o parceiro a ter aversão à bebida. Em uns a trair, e em outros o ciúme. E a brigar por motivos banais, como: comprar um carro quando o companheiro(a) quer uma moto, fazer um cômodo a mais na casa quando o outro deseja uma garagem, pintar algo de uma cor discordando do outro etc. E, como já escrevi, é fácil incentivar o melindre, a ofensa, a crítica e o revide. Locais de bons fluídos, energias salutares, agradáveis e boas incomodam aqueles que são ainda imprudentes. Desencarnado como Rufino, se fosse sondar e encontrasse uma pessoa que vibrasse bem, seria difícil para ele ficar perto e incentivá-lo a pensar no que ele queria e, se conseguisse, normalmente o alvo logo repeliria estes pensamentos assim que orasse, lesse algo edificante ou fizesse o bem. E, se esta pessoa fosse um(a) trabalhador(a) voluntário(a), praticasse a caridade com amor, teria um companheiro desencarnado do bem, um guia, protetor, então seria muito difícil uma abordagem mais acirrada. Normalmente, esses imprudentes desistem ou a encarnada, como Chica, exigiria mais dinheiro por ser uma tarefa difícil. Aí eles agem com mais sutileza. Por isso é tão importante orar e vigiar.

4º CAPÍTULO

Sábado

Beatriz levantou e olhou, com carinho, a irmã dormindo. Arrumou-se rapidamente, fez o café, deixou a mesa pronta para o pai e a irmã, tomou o desjejum e saiu para trabalhar. Caminhou ligeira, a loja, de sua casa, não era longe, uns quinze minutos de caminhada. Fez o trajeto pensando nos últimos acontecimentos.

"Pensei muito no que fazer, de como sair da situação difícil que Simone e eu estamos. Na quinta-feira, fui trabalhar de teimosia, não estava me sentindo bem, dormi pouco à noite, sentia-me cansada e triste. Não sabia como resolver nosso problema. Ao chegar à loja, vi Nestor, que me cumprimentou sorrindo. Retribuí o sorriso, parei e indaguei como estava passando. Conversamos por uns dois minutos sobre o tempo, e ele me convidou para almoçar. Falei: 'Tenho somente uma hora de almoço'. Nestor demonstrou saber: 'Dá tempo, podemos ir ao restaurante da esquina'. 'Aceito', respondi. No meu horário de almoço, saí da loja, e Nestor estava me esperando. Fomos almoçar. Não tinha ido ainda a este restaurante, que era self-service, tinha de economizar; se não levava comida de casa, comprava um lanche. Contei o dinheiro: se ele não pagasse, tinha como pagar. 'Talvez', pensei, 'o senhor Nestor seja a solução'. Até então chamava-o de 'senhor'. No restaurante, ele me pediu para não chamá-lo mais de 'senhor', e descobri logo que ele era gentil e educado. Gostei de sua conversa. Falamos sobre o lugar, roupas, o almoço foi agradável, e meu acompanhante pagou a conta. Ao voltarmos para as lojas, ele pediu para me acompanhar até em casa ao sair. Combinamos. Novamente, me esperou e fomos andando devagar, conversando. Paramos num bar e café, tomamos um lanche. Disse-lhe que tinha de ir embora, que minha irmã me esperava. 'Avise-a que amanhã iremos ao cinema. Aceita ir comigo?' 'Sim.' Na sexta-feira, fomos almoçar novamente e, à noite, ao cinema. Durante o filme, Nestor pegou na minha mão e perguntou se queria namorar com ele. Achei que realmente tinha encontrado a solução para nossas dificuldades. Pensei: 'Ele paga os passeios, almoços e, além de sair, economizo para ajudar meus irmãos. Depois, se souber conquistá-lo, casarei com ele e levarei minha irmãzinha para morar comigo'. 'Quero', respondi. 'Namorados, então?' 'Sim.' 'Vamos almoçar amanhã juntos?' 'Amanhã meu irmão Júnior vem para casa, deverá chegar, como sempre, à tardinha. Simone ficará sozinha.' 'Convide-a para almoçar conosco. Quero conhecê-la.' Simone se encontrará comigo às treze horas na loja, e sairemos os três. Contei somente a ela que estou namorando e pedi que guarde segredo por enquanto, também pedi para ela ser agradável com ele. Minha irmãzinha disse somente: 'Bia, ele não é velho para você?' 'É', respondi, 'mas a idade não importa, ele é tão gentil e educado...'. De fato, nunca fui tão bem tratada. Nestor é um encanto de pessoa."

Chegou à loja, e Nestor a estava esperando. Sorriram um para o outro, cumprimentaram-se, e cada um entrou: ele, na sua loja, e ela, na que trabalhava.

"Se der certo meu namoro, farei de tudo para casar logo e levarei Simone para morar comigo. Tudo é melhor do que ficar em casa e aguentar papai e Luciene."

Armando decidiu rever Laís. Aproveitou o sábado, que não trabalhava, para visitá-la. Eram nove horas e quarenta minutos quando tocou a campainha no portão e esperou.

Laís levantava-se todos os dias cedo, saía pouco, às vezes ia pela manhã fazer compras e, em algumas tardes, visitar amigas ou recebê-las. No sábado, não costumava sair. Ouviu a campainha, olhou pelas grades do portão e viu um homem bem-vestido que não conhecia. Abriu a porta e o cumprimentou sem abrir o portão.

— Bom dia! Pois não? O senhor deseja alguma coisa?

— Dona Laís! Bom dia! Como vai a senhora? Lembra-se de mim? Penso que não. Fui colega de classe, de estudo, de sua filha Maria Tereza. Vinha à sua casa para fazer trabalhos escolares.

— Lembro-me! Desculpe-me, não me recordo de seu nome.

Laís se lembrou, era o único colega afrodescendente de sua filha. Embora tenham se passado muitos anos, o homem à sua frente tinha as mesmas feições do garoto de outrora.

— Armando! Sou o Armando!

— Vou abrir o portão. Entre, por favor — pediu Laís.

— Obrigado.

Entraram, acomodaram-se no sofá da sala, e Armando explicou:

— Não sei se a senhora se lembra, morei aqui com meus

pais há muitos anos, era adolescente, fui colega de classe de Tetê, depois nos mudamos. Estou de volta à cidade. Pelo meu trabalho, regressei.

— Em que trabalha? — Laís quis saber.

— Sou funcionário de um banco estatal. Sou gerente.

Falou o nome do banco.

— Que bom! Alegro-me pelo seu sucesso. Veio com a família?

— Meus pais moram em uma cidade praiana, estão bem. Meus dois irmãos se casaram, têm família, o caçula reside na mesma cidade de meus pais; o outro, na capital do estado. Vim sozinho. Sou viúvo. Tive dois filhos, um casal. O filho está atualmente morando em outro país, estuda, e a menina está com minha esposa, no plano espiritual.

— Viúvo? Com uma filha morta? Foi isto que disse? — perguntou Laís admirada.

— Sim, minha menina desencarnou, ficou doentinha e se mudou; com minha esposa também foi assim: ficou doente e foi para o plano espiritual.

— Situação parecida com a minha! — Laís suspirou. — Porém estou idosa e, depois de mais idade, vamos tomando consciência de que iremos nos separar. A morte dificilmente leva junto o casal. Meu marido morreu. Estou viúva há tempos, ou tenho esta sensação: quando sofremos, o tempo passa lentamente. A solidão pesa. Mas você falou em "se mudar", ir para um local. Você não poderia falar mais sobre isto?

— Podemos morar em diversos lugares, em muitas residências, cidades, países... Jesus disse que: "na casa de meu Pai há muitas moradas".[6] O Mestre Jesus pode ter se referido a ou-

---

6. N. A. E.: João, 14:2.

tros mundos, planetas habitados. Mas o Nazareno disse esta frase para consolar seus discípulos, que estavam tristes na última ceia, afirmando que eles estariam onde Ele estivesse. Referindo-se, sem dúvida, aos muitos lugares de permanência onde nós podemos continuar nossa vida fora do corpo físico, sem o plano material. Depois da morte do corpo carnal, não caímos no nada, vamos para onde nossas vibrações se afinam. As pessoas com tendências materialistas sentem-se atraídas para as coisas que predominam na vida física. A morte não faz nada para ela que a existência encarnada não tenha feito, este fato não será a causa de sua evolução espiritual. Continuamos a ser o que éramos. O amor excessivo à matéria física é ilusão que traz infelicidade, e o desencarnado que sente isto continua a ser iludido e completamente infeliz. Nossa libertação é um processo lento de crescimento, é o caminho estreito. Se nos prepararmos para o processo da desencarnação, a separação do nosso espírito do corpo físico não será algo novo, desconhecido, porque sentimos que nosso verdadeiro lar é o plano espiritual. E esta mudança não lhe causa medo. Compreendo que a morte deste corpo que usamos temporariamente nos leva a viver de outro modo, em outros lugares. Acredito piamente que há muitas moradas na casa de Nosso Pai, de Deus.

Armando calou-se e pensou:

"Excedi-me na explicação, com certeza dona Laís não entendeu."

— Estou encantada — Laís enxugou os olhos lacrimosos. — Eu...

— O que foi, dona Laís? Posso ajudá-la?

— Maria Tereza não se casou bem, ou melhor, fez um péssimo casamento.

— Que pena! Tetê, quando jovem, era linda, educada e estudiosa. Ela se formou?

— Não! Infelizmente não! Casou-se nova, teve três filhos, trabalhou bastante, costurava para freguesas para ajudar nas despesas da casa e também porque gostava, era uma artista na costura. Depois adoeceu e...

Laís chorou, mas logo se recompôs e continuou contando:

— Não tivemos uma convivência boa, minha filha e eu. Discutíamos sempre, e a causa era o marido dela. Quis muito tirá-lo do curtume, e Maria Tereza não deixou.

— Que doença Tetê teve, tem?

— Ela sofreu um derrame, um acidente sei-lá-o-quê. Não conseguiu mais falar, andar, seu braço direito ficou inutilizado.

— E os filhos dela? — perguntou Armando interessado.

— Moram lá. Escutando você, estou pensando se não foi Deus quem o mandou aqui. Um coleguinha de minha Tetê! Há três dias estou orando muito para Deus me iluminar. Tomei uma decisão e estou insegura. Será que estou agindo certo? É justo prejudicar outras pessoas para me vingar de alguém?

— Vingar? Até me arrepiei. — Armando mostrou o braço com os pelos arrepiados.

— Acha vingança uma coisa errada?

— Jesus nos recomendou perdoar, fazer o bem a quem nos faz o mal. Vingança, dona Laís, pode ferir o desafeto, mas, sem dúvida, fere mais o vingador. Repense, dona Laís, se está agindo certo prejudicando outros que não têm nada a ver com isto. Com certeza a vingança está lhe fazendo mal.

— Percebo que está admirado por eu ter um inimigo. Você tem algum?

— Não, não tenho — respondeu Armando.

— Como se faz para não ter inimigos?

— Fazendo-o amigo. Se não queremos ter desafetos é necessário torná-los afetos. De inimigo a amigo.

— O que você pensa de quem não consegue perdoar? — perguntou Laís.

— Quem não perdoa é carente de auxílio. Quem tem ódio no coração é doente da alma.

Laís não entendia porque escutava aquele homem nem o porquê de estar conversando com ele. Se tivesse escutado a mesma coisa de outra pessoa, teria se exaltado, mas Armando lhe transmitia confiança; depois, estava com muita vontade de conversar, desabafar.

"Armando não é qualquer um", pensou Laís, "tem um bom emprego, estudo, é muito educado. Depois, não rezei pedindo a Deus um sinal? Quer mais que este? Um coleguinha de juventude de Maria Tereza vem aqui em casa. Vou falar a ele."

— Como lhe disse, nunca gostei do meu genro. Ele fez minha Maria Tereza sofrer. Quero prejudicá-lo. Mas como fazer isto sem atingir o resto da família? Para não lhe dar facilidade, começo a perceber que dificulto a vida de todos.

— Dona Laís, a senhora já ouviu falar que tudo o que fazemos de bom ou de mau a outras pessoas é a nós que fazemos?

— É o "aqui se faz, aqui se paga"? — perguntou Laís.

— Isso não vale somente para os atos ruins, as atitudes boas também têm retorno. Quando nos recusamos fazer o bem para alguém, a nós mesmos recusamos. Quando não queremos fazer alguém feliz, a felicidade nos abandona. Aquele que pode fazer o bem e não faz, cria em si débito.

— Deixe-me ver se entendi. Posso ser infeliz por não dar

felicidade? Podendo fazer o bem e não fazendo, a tristeza dessas pessoas me persegue?

— Uma coisa é certa, dona Laís: a gente sente mais alegria quando faz alguém alegre. É a lei do retorno. Por favor, repense, não prejudique ninguém. Se não gosta do esposo de Tetê, não transfira este sentimento para o restante da família.

— Mas eu os amo! — exclamou Laís indignada.

— Então prefira o amor! Quem ama cuida, protege e auxilia. Porque quem vacila no bem dá oportunidade aos maus.

— Como você acha que eu devo agir?

— Com justiça e firmeza.

— Firmeza comigo mesma? É isto que falou? — perguntou Laís.

— Entenda, dona Laís, que necessitamos muitas vezes ser firmes conosco. Para agirmos com justiça, normalmente temos de nos esforçar, ir contra o que queremos, mas que intimamente não achamos ser correto. Aí entra a firmeza.

— Agir assim com a gente é mais difícil.

— Concordo com a senhora: policiar-nos, esforçar-nos para agir corretamente é mais difícil do que exigir dos outros. Mas, se vencermos, a vitória nos traz muita paz e, consequentemente, alegria.

— Entendo.

Ficaram por instantes calados, pensativos. Armando pensou:

"Realmente, não é nada fácil nos modificar para melhor. O caminho do progresso é estreito; a porta, apertada."

"Gostei do que ele me falou, vou pensar sobre isto", pensou Laís.

— Fica para almoçar? — convidou a dona da casa.

— A conversa está tão agradável que esqueci do horário. Tenho um compromisso, devo almoçar com amigos.

Armando se levantou.

— Que pena! Almoço sempre sozinha.

— É opção? Será que não podia ser diferente? — perguntou Armando.

Laís o olhou; por instantes, fitaram-se nos olhos.

— Agradeço. Venha, por favor, eu estou lhe pedindo, visitar-me outra vez.

— Virei, sim.

— Segunda-feira?

— Depois de amanhã?

— Sim — afirmou Laís.

— Trabalho, só se vier à noite.

— Espero-o para jantar. Às dezenove horas.

Despediram-se. Armando foi embora sem saber como Tetê estava no momento e resolveu indagar mais sobre ela na visita seguinte. Não tinha nenhum compromisso, mas não quis ficar para almoçar. Antes de ir para seu apartamento, passou em frente à casa que a família de Maria Tereza morava. Laís disse o nome do marido de Tetê e, ao voltar para o carro, ele procurou na lista telefônica. Passou devagar. A casa era bonita, com grades altas, via pela rua que era uma boa residência. Mas, sensível, Armando sentiu que aquela morada deveria ter muitos problemas.

Foi para seu apartamento e almoçou sozinho.

Célio ia a um almoço festivo, aniversário de uma filha de uma amiga de Luciene.

51

— Simone, volto à tarde — avisou para a filha. — Com certeza, Júnior deverá vir no horário de sempre. Estarei aqui quando ele chegar.

Saiu de casa com o seu carro reserva, que era um bom veículo, mas de anos anteriores. Suspirou com raiva ao pensar em seu outro carro. Passou na casa da namorada e foram para a festa. Resolveu esquecer os problemas e aproveitar o passeio. Porém, a festa era o aniversário de uma garotinha linda, que completava três anos, e havia muitas crianças.

Célio logo se irritou porque a namorada dizia a todo o momento estar encantada com a menininha e como era bom ter filhos etc. E, para piorar, uma amiga dela perguntou a Luciene quando ela se animaria em ter um filho.

Ele resolveu se unir a um grupo de homens, então se distraiu: conversaram sobre futebol, mulheres e beberam. Mas não estava gostando da festa e, com a desculpa de que o filho iria chegar, quis ir embora mais cedo. Como a namorada não quis acompanhá-lo, foi embora porque Luciene pegaria uma carona e iria para casa com uma amiga. Ao se despedir, escutou:

— Seria a mulher mais feliz do mundo se tivesse filhos!

Ele não respondeu e voltou nervoso para casa.

O desencarnado que o acompanhava aproveitou para intuí-lo de que filhos eram um transtorno, que festas boas eram aquelas que não tinham crianças. Célio ficou inquieto e concordou, pensando:

"Somente quer ter filhos quem não os tem. Eles são uns estorvos em nossas vidas."

Assim que o pai saiu, Simone se aprontou.

"Vou conhecer o namorado da Bia. Ela me contou que ele é velho, mas muito educado. Vamos a um bom restaurante. Faz tempo que não vou a um restaurante. Que gostoso! Vou comer bastante. Escreverei um bilhete; se Júnior chegar antes, saberá que voltaremos logo."

Escreveu: "Ju, fui almoçar com a Bia. Papai saiu. Voltaremos logo".

Colocou-o, como de costume, na geladeira, preso a um imã. Saiu, esperou a irmã na porta da loja e, no horário combinado, Bia saiu, beijou-a e foram à esquina. Nestor as esperava. Bia apresentou a irmã, entraram no carro e foram ao restaurante. Nestor era simpático e logo começou uma conversação agradável. Simone gostou dele. O restaurante era bom, conhecido na época. Sentaram-se os três numa mesa e conversaram animados. Simone gostou da comida e comeu bastante. Havia tempo que não se alimentava tão bem. Beatriz ficou contente, ela estava gostando cada vez mais da companhia de Nestor. Carente, encantava-se com a atenção dele, que, educado e atencioso, puxava até a cadeira para ela se sentar. Simone também admirou-o.

"É um homem adorável!", pensou a garota. "Tão diferente do papai. Trata Bia como se ela fosse uma boneca. Gostei dele!"

— Tome um sorvete, Simone — ofereceu Nestor. — Peça o que quiser.

— Obrigada!

Acabaram de almoçar, e Nestor as convidou para ir a um parque que estava na cidade. Foram e se divertiram em diversos brinquedos: em uns, ele foi junto; em outros, Nestor as ficou olhando. Riram muito, e as duas se divertiram bastante.

— Há tempos não me divirto tanto! — exclamou Simone alegre.

— De fato, a tarde foi maravilhosa! — concordou Beatriz.

Nestor também gostou. As duas irmãs eram educadas, sabiam se comportar, isto para ele era importante. E também se divertiu, fazia tempo que não tinha uma tarde diferente.

— Nestor — disse Beatriz —, temos de ir embora. Ju, nosso irmão, vai chegar, ficará somente uma semana conosco. Estamos saudosas, há meses que não o vemos.

— Combinado, então? Passo em sua casa para levá-las ao cinema. Estarei em frente ao portão às dezenove horas.

— Vou porque insistiu — falou Simone —; minhas amigas irão também e não vou incomodá-los, ficarei com elas, encontraremo-nos na saída.

Acertaram detalhes, Nestor deixou-as em frente ao portão. Entraram gritando pelo irmão. Não encontraram ninguém em casa.

— É melhor, Bia, você contar ao papai de seu namoro. Assim evitará de ele ver Nestor aqui e dar um escândalo.

— Vou contar.

— Bia, Ju deixou um bilhete na geladeira no lugar do meu. Está escrito: "Si, Bia, cheguei mais cedo e saí. Volto logo. Beijos. Ju".

— Vamos esperá-lo e, enquanto esperamos, vamos tomar banho e nos arrumar. E aí, gostou do Nestor?

— Muito — respondeu Simone. — Muito mesmo. É educado e se percebe, em como ele a olha, que está interessado em você. Diverti-me muito hoje, fazia tempo que não comia uma comida gostosa. E ele pagou tudo. Não é pão-duro como papai.

— Eu também estou gostando dele.
— Então, conquiste-o — pediu Simone.
— É o que irei fazer.
Por momentos, Beatriz lembrou-se de Mateus.
"Estaria muito mais contente, feliz, se meu namorado fosse o Mateus. Mas tenho de resolver minha vida, ajudar Simone e quem sabe até o Ju. Decidi e está decidido. Vou fazer de tudo para conquistar Nestor, casar-me o mais rápido possível com ele e levar minha irmã comigo."
Esperaram pelo irmão ansiosas para revê-lo.

Júnior chegou mais cedo do que costumava. No sábado, acordou de madrugada, pegou o ônibus no primeiro horário e chegou em casa quando Simone acabara de sair.
Assim que chegou, foi à cozinha e viu o bilhete da irmã. Com fome, procurou algo para comer.
"Aqui está pior do que eu pensava. Vou comer esse pedaço de pão. Papai não deve estar nada fácil."
Sentiu muita tristeza. Largou sua mochila em seu quarto e foi para o aposento de sua mãe. Abriu a porta e falou baixinho, em tom sentido:
— Mamãe! Mãezinha! Como sinto sua falta! De seus conselhos! De seu carinho e ajuda!
Sentou na cama, depois deitou e chorou de soluçar.
Maria Tereza acordou, alegrou-se com o filho entrando no quarto, sentou na cama e, quando ele se deitou, colocou a cabeça em seu colo.
"Não chore! Não chore assim, filhinho do meu coração!", pensou Maria Tereza, esforçando-se para falar.

Júnior sofria.

"Filho", insistia Maria Tereza. "Tudo passa! Ficarei boa. Talvez nunca mais volte a costurar. Mas o ajudarei! Sei que você e suas irmãs sofrem por me ver doente. Mas estou melhorando."

— Mãe! Mãezinha! — repetia o jovem chorando.

Maria Tereza acariciou o filho, beijou-o, e ele foi se acalmando. Ficou no quarto da mãe por uns trinta minutos; depois levantou-se, lavou o rosto e ficou no seu quarto pensando:

"Tenho vergonha até de pensar no quarto de mamãe que estou agindo errado. Ela com certeza sofrerá se souber o que estou fazendo. Que vida!"

Escutou o barulho do carro de seu pai, saiu de seu quarto e foi contente abraçá-lo.

— Papai! Já cheguei!

Célio estava contrariado com a festa e pela namorada ter insinuado que queria ter filhos.[7] Recebeu Júnior com frieza.

Júnior se ressentiu com a frieza do genitor.

— Como está? Tudo bem? — perguntou o moço.

— Bem mal — respondeu Célio mal-humorado. — Tive uma enorme despesa.

— Mas, papai, não temos nada a ver com isso.

— Como não? Você se sustenta por acaso?

— Estudo! — Justificou Júnior.

— Na sua idade, trabalhava, dava duro para me sustentar e ajudava meus pais.

---

7. N. A. E.: O desencarnado que Rufino incumbira de intuir Célio deixou-o irritado, e ele transferiu imprudentemente estes pensamentos para os filhos que já tinha, que estes o aborreciam, incomodavam etc. Alerto os leitores que Célio aceitou estas intuições porque se afinou com elas; era com certeza o que ele já achava, o que pensava.

Célio se alterou, falou alto. Maria Tereza escutou, levantou-se o mais rápido que conseguiu e foi para a sala.

— Papai — falou Júnior em tom pacificador —, estou sem nenhum dinheiro. Queria sair, rever amigos. Aqui em casa não tem nem o que comer.

— As meninas foram comer em algum lugar, e Bia não fez, como faz todos os sábados, o almoço. Faça você! Deve ter algo para cozinhar. Não tem dinheiro para sair, pois não saia. Você somente estuda, isto é moleza!

— Papai, você ficou contente quando passei numa boa universidade pública. Por que está me tratando assim?

— Filhos só amolam e dão despesas!

"Ordinário! Estúpido!"

Maria Tereza chegou na sala, escutou a conversa e avançou no marido, que não reagiu. Com a mão esquerda, segurou com força no seu pescoço. Célio tonteou, sentiu-se sufocado, sentou-se na poltrona.

— Vai me dar dinheiro? — perguntou Júnior.

— Não! Não e não!

"Miserável!", pensou Maria Tereza.

Voltou a atacá-lo. Com a mão esquerda, deu-lhe dois tapas no rosto, e se desequilibrou. Júnior foi para seu quarto. Esforçando-se, Maria Tereza se equilibrou e foi atrás do filho.

— Meu Deus! — exclamou Júnior com raiva. — Que vida! O que faço?

"Vá, filho, falar com sua avó Laís. Lembra-se quando você era pequeno? Com seu jeitinho carinhoso, conseguia tudo o que queria dela. Vá lá e lhe peça ajuda."

— Vovó Laís! — exclamou Júnior baixinho. — Será? Dará certo? Deu outras vezes. Quando criança, conseguia coisas dela que os outros netos não conseguiam. Vou lá! Se não conseguir nada, pelo menos me alimento, estou com fome.

Saiu batendo a porta. Maria Tereza, exausta pelo esforço, foi para seu quarto.

"Tomara que dê certo", desejou.

Júnior foi caminhando rápido. Chegando à casa de sua avó, tocou a campainha e, ao vê-la na porta, gritou:

— Vovó Laís! Vovozinha do meu coração! Abra aqui logo! Estou com saudades!

Laís abriu rápido. Júnior, ao passar pelo portão, abraçou forte a avó, rodando com ela nos braços, suspendendo-a do chão.

— Vovó querida, que saudades!

Laís ficou contente. Entraram.

— Como está, vovó? Tem cuidado da saúde? Tem ido ao médico? Tomando seus remédios?

"É o único que se preocupa comigo", pensou Laís.

Contou ao neto como estava. Júnior prestou atenção, fez perguntas, deu opinião. Depois, ela quis saber dele.

— Lá em casa não está fácil. Cheguei antes do costume e não tinha nem o que comer.

— Venha à cozinha, esquento o almoço.

Foram, e ele comeu com apetite.

— Que comida gostosa! Vovó, preocupo-me tanto com a senhora aqui sozinha. A empregada já foi embora?

— No sábado, ela vai embora mais cedo e não vem aos domingos. Você está preocupado? Sinto-o triste.

— Tenho tido dificuldades. Não tenho dinheiro para nada. Papai não nos dá. Penso que terei de parar de estudar. Até fome tenho passado. Almoço e janto durante a semana na cantina da universidade, que é bem em conta. Sábado e domingo fica fechada, e comer fora em restaurante é caro. Normalmente lancho, e uma vez somente. Moro numa espelunca, numa pensão, num quartinho com outro colega, e uso um banheiro coletivo; são doze pessoas a usá-lo, é um nojo. Tenho dado aulas particulares a alunos com dificuldades, não tenho roupas. Gastei o último centavo na passagem para vir para casa. Queria sair para rever meus amigos e não tenho dinheiro. Pedi ao papai, que foi estúpido comigo. Ah, vovó, abrace-me! Console-me! Estou tão carente!

Laís abraçou-o, beijou seus cabelos.

— Não pare de estudar! Não pare! Se você não contar a ninguém, eu o ajudo. Mas, exija de seu pai. Brigue com ele! Guardei as roupas de seu avô, as melhores. Pegue o que quiser para você. Vou lhe dar dinheiro para sair e rever seus amigos. Mandarei todo mês dinheiro a você. Não irá parar de estudar, não é? Minha Maria Tereza não gostaria que isso ocorresse.

— Se a senhora me ajudar, não irei parar. Papai me ameaçou; se brigar com ele, não me dará mais nada — Júnior mentiu. — Mas, com a senhora me ajudando, vou desafiá-lo, responderei a ele, irei até xingá-lo, ele merece. Que corte minha mesada, agora sei que a senhora me ajudará. Vovó, como a senhora é boa. Eu a amo muito!

Beijou a avó várias vezes. Laís ficou contente. Foram para o quarto. O marido de Laís gostava de roupas esportivas, tinha bom gosto. Júnior pegou casacos, agasalhos, calças, camisas e camisetas, sapatos e dois tênis. Laís lhe deu uma mala para ele levar as roupas. Júnior gostou do presente.

Segurou as mãos da avó e chorou.

A intrusa

— Obrigado, querida vozinha! Obrigado!

Laís lhe deu dinheiro.

— Saia à noite, meu bem, vá encontrar seus amigos. Venha amanhã almoçar comigo e durante a semana também, mas venha sozinho. Vou lhe dar dinheiro todo mês, você me dirá como fazer isto, mandarei para a cidade onde estuda.

— Isto é fácil, vovó: papai me manda pelo banco, a senhora também poderá fazê-lo.

Júnior ficou mais com a avó, mas queria rever suas irmãs, estava saudoso; despediu-se prometendo almoçar todos os dias que estivesse na cidade com ela. Foi para casa.

Foi carregando a mala, que era grande e pesada, cheia de roupas de seu avô.

"Embora estas roupas tenham sido de um senhor e terem ficado um tempo guardadas, são bem melhores que as minhas. Desde que mamãe ficou doente, não tenho roupas novas. Darei algumas para Gil."

Voltou para casa aliviado, querendo abraçar as irmãs.

5º CAPÍTULO

Ainda no sábado

Júnior chegou em casa, guardou a mala em seu quarto.

"Se vovó não quer que ninguém saiba que está me ajudando, não vou contar, mas não tenho como esconder as roupas que ganhei. Ainda bem que consegui fazer ela me auxiliar. Tomara que me ajude mesmo! Facilitará minha vida."

Gritou pelas irmãs. Ambas estavam se arrumando no quarto. Foram abraçar o irmão.

Alegraram-se.

— Veio mais cedo? — perguntou Bia.

— Vim — respondeu Júnior. — Acordei de madrugada e peguei o ônibus mais cedo, cheguei em casa e não encontrei ninguém. Vi o bilhete avisando que vocês tinham saído. Fiquei aqui sozinho, papai chegou e me tratou muito mal.

Maria Tereza, com os filhos falando alto e contentes, levantou-se e juntou-se a eles, alegrando-se também.

— Não ligue para papai. É que...

Simone contou ao irmão que Irene ganhara a ação.

— Se isso não fosse nos prejudicar, diria "bem feito"! — exclamou o moço. — Cheguei e não tinha nada para comer, fui à casa da vovó e almocei lá.

— Pedimos auxílio a vovó Laís, e ela recusou, não quis nos ajudar — queixou-se Simone.

— Vocês têm de saber lidar com ela. Vovó me deu roupas do vovô.

— Usada e de defunto! — falou Simone.

— Vovô tinha bom gosto — rebateu Júnior. — As que peguei darão para usar, principalmente os agasalhos. Vou sair hoje com a roupa do vovô.

— Ju, você está com pouca roupa? — perguntou Bia.

— Estava, sim, mas, com as que ganhei, dá para o gasto. Estou sem roupas íntimas.

— Vou comprar algumas para você — prometeu Beatriz. — Estou trabalhando, ganho pouco, mas dará para comprar.

— Vou aceitar, obrigado. Vão sair?

— Fomos almoçar num restaurante — contou Simone — e, depois, fomos a um parque. Bia está namorando, e o namorado dela pagou tudo. Vamos ao cinema, e lá encontrarei minhas amigas.

— Namorado? Eu conheço? Quem é? — quis Júnior saber.

— Penso que não conhece — respondeu Beatriz. — Ele é bem mais velho. É dono de uma loja de roupas que fica ao lado da que eu trabalho.

— Velho? Mais velho? Quanto? — indagou o irmão.

— Deve ser da idade do papai — informou Simone. — Ele é educado, simpático e adorável. Você vai gostar dele.

Conversaram mais um pouco, as garotas acabaram de se arrumar e saíram. Júnior tomou banho, escolheu uma roupa que era de seu avô, vestiu e gostou do resultado.

"São mesmo bem melhores do que as minhas, que estão velhas."

Enquanto se arrumava, escutou seu pai chegar. Pronto, saiu do quarto, da casa, sem falar com ele.

Célio chegou do bar mais calmo, escutou o barulho do filho no quarto, ficou na sala e esperava que Júnior viesse novamente lhe pedir dinheiro. Tinha decidido dar, mas o filho saiu sem falar com ele.

Tomou banho e saiu, foi se encontrar com a namorada. Pensaram em ir ao cinema, mas decidiram comer um lanche e depois voltar para a casa dele. Lá assistiram televisão, conversaram um pouco e Luciene dormiria lá.

Nestor buscou as garotas como haviam combinado, foram ao cinema. Simone entrou com eles e foi encontrar as amigas, ficando com elas. Os namorados ficaram sozinhos. Conversaram. Beatriz contou a ele do irmão e, quando o filme começou, assistiram de mãos dadas.

"Estou gostando de estar com ele, mas queria que fosse diferente. Não senti nada parecido com o que minhas amigas contam: da sensação que tiveram ao ficar de mãos dadas com os namorados."

Quando o filme acabou, Simone reuniu-se com eles, foram comer um lanche e depois Nestor as levou para casa. Simone despediu-se.

— Obrigado, cunhado! Obrigado por tudo!

Desceu do carro batendo a porta e entrou correndo.

— Não ligue para ela, Nestor — pediu Beatriz. — É ainda impulsiva. Está tão contente por ter saído conosco.

— E você não? — perguntou ele.

— Estou, sim. E você?

— Também estou contente. Vamos sair sempre. Amanhã à tarde passo aqui para levá-las para passear. Às dezesseis horas. Está bem?

— Sim, está. Boa noite!

— Boa noite! — exclamou Nestor beijando a mão dela.

Beatriz entrou em casa contente. Simone esperava-a na porta e cochichou:

— Papai e a intrusa estão na sala. Esperei-a para entrarmos juntas. Vamos direto para o quarto. Um, dois e três.

Abriram a porta e fizeram o combinado, foram direto para o quarto.

O casal escutou as garotas entrarem, olharam-se e não comentaram.

"Preciso saber aonde essas duas foram, amanhã pergunto a elas", pensou Célio.

"Elas não gostam mesmo de mim. Melhor! Não sentirei remorso deixando-as aqui sozinhas", pensou Luciene.

No quarto, as duas irmãs conversavam baixinho.

— Bia, estou gostando muito de sair com vocês. Espero que Nestor me convide sempre. Ele é legal!

"Ao vê-la contente, sinto que estou agindo corretamente. Depois, estou gostando de sair, e Nestor me trata tão bem! É tão gentil! O oposto do papai!"

Maria Tereza, escutando as filhas chegarem, foi para o quarto delas.

"Namorado? Quem você, Bia, está namorando?", pensou ela.

— Nestor é boa pessoa! — exclamou Simone. — Mamãe vai gostar dele porque ele é o oposto do papai, é educado e atencioso. Gosto de ver ele puxando a cadeira para você se sentar, abrindo a porta do carro, ajudando-a a entrar. A conversa dele é muito agradável, fala sobre qualquer assunto, torce para um time de futebol, mas não é fanático. Quero ter um namorado como ele.

— Pelo jeito, tornou-se fã dele — riu Beatriz.

— E você não? Quanto tempo faz que alguém não nos trata assim tão bem?

— Penso que Nestor é um homem ideal! — exclamou Beatriz.

"Vou para meu quarto, quero esperar pelo Júnior", pensou Maria Tereza. "Depois, Si, você vai lá me contar tudo. Está bem?"

Simone afirmou com a cabeça e foram dormir contentes.

Naquela noite Laís estava contente. A visita de Armando havia lhe feito bem e se alegrou por ter visto Júnior e tê-lo ajudado. Decidiu lhe dar dinheiro, e ninguém deveria saber: o neto não deveria parar de estudar, queria vê-lo formado. Gostava de Júnior de maneira especial, era seu neto preferido, e se sentia amada por ele.

"Que bom tê-lo por companhia esta semana para almoçar, vou fazer tudo o que ele gosta", pensou Laís.

Dormiu melhor.

Irene não conseguia desligar-se de Célio. Pensava muito nele. Embora não quisesse admitir, ainda o amava. Pensava também nos filhos dele, que, por tanto tempo, quis que fossem dela. Pensava naquela noite de sábado, sentindo-se solitária, que Célio e Luciene estariam juntos. E se indagava: "O que eles estariam fazendo?". Com ciúmes, desejou que o trabalho de dona Chica desse resultado, tivesse sucesso e que o casal se separasse.

"Não fico com ele, mas Luciene também não!", pensou determinada. "O melhor que tenho a fazer no momento é me concentrar no outro. Não tenho chance de ficar com Célio. Posso não ter sido honesta sendo amante de um homem casado, mas ele foi desonesto comigo e com Tetê. Merece uma lição!"

Demorou para dormir. Isto normalmente acontece quando se sente raiva e rancor. Estes sentimentos negativos perturbam, causando quase sempre insônia, tristeza, e podem adoecer o físico, porque, se estes sentimentos persistirem, o períspirito adoece e transmite uma enfermidade para o corpo carnal.

Júnior saiu, foi para um barzinho onde sempre se reunia com amigos. Foi uma alegria encontrar alguns deles. Quis saber notícias de todos. Rodrigo as deu:

— Marcelo está namorando, Flávio foi viajar, Eduarda não tem saído etc.

Comeram lanches. Conversando, Júnior falou de si, mas não de suas dificuldades.

— Estou estudando muito. O curso é dificílimo, tenho tirado boas notas. Mamãe ficaria orgulhosa de mim. Lá, saio pouco; quando o faço, é com colegas da universidade. Tenho algumas paqueras, mas nada sério. Não tenho tempo para namorar. E Murilo? Não o vi nem vocês falaram dele.

— Murilo está em outra — contou Rodrigo.

— Como? — perguntou Júnior.

— Drogas — respondeu Rodrigo.

— Meu Deus! Como ele foi entrar nessa? — Júnior se admirou.

— Desculpas são muitas — falou João Paulo —, mas nada que justifique. Ele disse que gostava da Marcela que namora o Léo, que não passou na universidade, que o pai ficou bravo e que não quer fazer o cursinho. Eu também não passei no vestibular, estou fazendo cursinho. E quem nesta vida nunca se interessou pela pessoa errada? Broncas de pais, sempre levamos. Não tem desculpa, entrou nessa de bobeira.

— Lembro da palestra — comentou Rodrigo — que assistimos sobre drogas. Naquela noite, prometi a mim mesmo que nunca as experimentaria. Tenho cumprido. Murilo também assistiu e caiu nessa.

— Fiquei impressionado com aquela palestra — opinou João Paulo. — Drogas nunca! Estou fora![8]

— Os pais de Murilo sabem? — perguntou Júnior.

— Não — respondeu Pedro. — Se os pais prestassem atenção... Normalmente são os últimos a saber.

— Vocês não tentaram convencê-lo? Ajudá-lo? — Júnior quis saber.

— Sim, tentamos, mas ele não nos escuta. Tem agora novos amigos ou companheiros de vício — respondeu João Paulo.

— Aonde ele costuma ir agora? — indagou o filho de Maria Tereza.

---

8. N. A. E.: Palestras sobre o tema têm dado muitos resultados. Com uma abordagem inteligente, levam os jovens a entender como elas são realmente nocivas, e a maioria decide por nunca experimentá-las.

— Em outros bares, onde se compra fácil o tóxico — respondeu Pedro.

— Gostaria de conversar com ele — falou Júnior.

— Se quer conversar com ele — opinou Rodrigo —, faça amanhã, à tarde; a esta hora, principalmente aos sábados, já deve estar doidão.

Mudaram de assunto, passaram a falar de futebol. Júnior se esforçou para acompanhar a conversa dos amigos, sempre gostou de futebol, torciam, a maioria do grupo, para o mesmo time, mas a notícia de que Murilo estava se drogando lhe tirou o sossego.

"Parece que sou eu que estou lhe vendendo, fornecendo drogas. Não faço a ele, mas a outros como ele."

Outros amigos chegaram, e ele tentou esquecer Murilo e curtir os colegas, que há tempos não via. Decidiu conversar com Murilo no dia seguinte.

Foi para casa de madrugada.

Simone dormiu logo que se acomodou na cama, estava contente por ter saído e pelo irmão estar em casa.

Maria Tereza ficou no seu quarto. Simone entrou.

"Filha, gosto mais quando vem sozinha aqui à noite, consigo abraçá-la melhor. Não falo, mas penso, e você me entende."

— Mãezinha! Gosto de abraçá-la. Viu o Ju? Ele chegou. Pena que ficará uma semana somente.

"Como é o namorado de sua irmã? Gosta dele? É boa pessoa?", perguntou Tereza, preocupada com a filha mais velha.

— É gostoso sair com eles. Nestor é muito educado. Trata Bia como se ela fosse uma rainha. Gosto dele, e ele, de mim. Estão namorando sério.

"Bia gosta dele?"

— Parece que sim. Quem não gosta de ser paparicada? Saímos, e ele paga toda a despesa. A comida no restaurante estava gostosa e...

Simone contou tudo o que fizeram, Maria Tereza escutava atenta. Sentia-se bem ao lado da filha caçula.

— Estou cansada, vou dormir — falou Simone.

Beijaram-se. A garota voltou para seu quarto sentindo-se cansada e enfraquecida, achando mesmo que necessitava dormir.

Maria Tereza não se deitou, sentou-se numa poltrona e escutou a filha se deitar, mas queria esperar pelo filho. Algum tempo depois escutou um barulho, foi o mais rápido que conseguiu para o corredor e viu Luciene.

"Mulher vulgar! Não tem vergonha de ser a amante?", pensou Maria Tereza.

Luciene encarou-a e falou baixinho:

— Saia desta casa! Aqui não é mais o seu lugar! E não me chame de "intrusa", porque é você a intrometida. Mas não se preocupe: vamos logo, Célio e eu, nos mudar daqui.

Maria Tereza tremeu de raiva e voltou para seu aposento. Luciene andou pela casa e depois retornou para o quarto de Célio.

Armando orou antes de dormir como sempre fazia e, nas orações daquela noite, lembrou-se de modo especial de Laís e Maria Tereza.

Acomodou-se para dormir, mas estava preocupado com a colega de adolescência, seu primeiro amor.

Levantou-se e foi para a casa de Maria Tereza, passou pelo portão, parou no pequeno jardim em frente à casa e chamou:

— Maria Tereza! Tetê!

Repetiu por três vezes. Maria Tereza estava no seu quarto esperando pelo filho, escutou chamarem-na e foi andando devagar. Olhou pela porta e viu um homem, não o reconheceu, porém sentiu ser boa pessoa. Aproximou-se.

— Tetê! Minha amiga! Quanto tempo! — exclamou Armando.

Maria Tereza olhou-o observando.

— Não está me reconhecendo? Sou Armando. Lembra-se? Seu colega de escola.

"Ah! O Armando! Lembro, sim", pensou ela. "Ele era meu colega de classe, 'o negro', que na época parecia apaixonado por mim. Recordo que ele me disse gostar de mim, e eu falei não ser possível namorá-lo por ser muito nova, mas o fato é que não queria namorá-lo por ser negro. Afastei-me dele. Tanto tempo se passou. Talvez se o tivesse namorado, casado com ele, minha vida seria outra. Armando é boa pessoa, sinto isto."

Armando olhava para Maria Tereza e entendeu naquele momento que ela não o havia namorado por ser afrodescendente. Continuou tranquilo e contou:

— Voltei à cidade, estou novamente residindo aqui. Vim visitá-la. Posso me sentar no banco?

"Sim, claro. Vou me sentar também."

Sentaram-se, olharam-se e Maria Tereza pensou:

"Estou doente! Muito doente! Mas já estive pior. Sofri um acidente vascular cerebral e fiquei com sequelas."

— Sofremos com as doenças e quando estamos doentes. Porém, suavizamos isso quando rezamos. Tem orado?

"Sim, rezo todas as noites antes de dormir", pensou Maria Tereza.

— É bom orar e pensar na morte.

"Isso não! Quase morri, tive o derrame, fiquei meses acamada, piorei e fui para o hospital, para a UTI, foi aí que quase morri. Melhorei, voltei para casa e estou melhorando."

— Se tivesse morrido, como estaria? — perguntou Armando.

"Não sei! Não morri! Vamos mudar de assunto? Como está você?"

— Estou bem. Casei-me, fui feliz no casamento, fiquei viúvo. Tive dois filhos, um casal, e a menina desencarnou, morreu na adolescência.

"Sinto por você, não deve ser fácil perder um filho", apiedou-se Maria Tereza.

— Não perdemos ninguém. A morte não nos separa daqueles a quem amamos. Minha garotinha está viva morando em outro lugar.

"Não quero falar em mortes, me deprime. Já é tarde. Desculpe-me, vou entrar. Volte outro dia, mas não à noite."

Maria Tereza se levantou, então viram Júnior chegar. O moço passou por eles andando apressado. Abriu a porta e entrou.

"Meu filho não nos viu. Mas como não viu? Será que ficou aborrecido comigo por estar conversando com você?"

— Jovens são assim mesmo, impulsivos. Na sua casa, eles têm conversado com você? — Armando quis saber.

"Se não falo... Simone, a minha caçula, me entende melhor."

— Estamos conversando...

"Você é telepata? É isto? Sabe ler pensamentos. Incrível! A gente se vê outro dia. Vou ver meu filho. Boa noite!"

— Boa noite!

Maria Tereza se levantou, estendeu a mão esquerda e Armando apertou-a. Ele foi embora, e ela entrou. Júnior estava no banheiro escovando os dentes. Maria Tereza pensou:

"Filho, foi muito feio você ter passado por mim e não ter cumprimentado. Armando foi meu colega de escola e veio me visitar.

Júnior continuou a escovar os dentes. Quando terminou, falou:

— Vou dormir, estou cansado!

"Então boa noite para você também."

O moço passou por ela, entrou no quarto dele e fechou a porta.

"Não me deu atenção. Não falou comigo. Também não falo! Vou também dormir."

Foi para seu quarto, acomodou-se no leito.

"Armando", pensou ela, "se tornou um bonito homem. Deve ser bem-sucedido. Coitado, a filha dele faleceu, talvez seja por isso que ele fale tanto de mortes. Tomara que ele volte a me visitar."

Orou mais do que de costume. Pediu a Deus para proteger seus filhos. Demorou para dormir, estava com dor de cabeça, muito cansada e sentia fraqueza.

6º CAPÍTULO

Domingo

Beatriz acordou no domingo às oito horas e se levantou evitando fazer barulho, a casa estava em silêncio. Foi à cozinha, fez o café, arrumou a mesa e tomou seu desjejum. Quando estava terminando, vieram à sala de refeição Célio e Luciene. Cumprimentaram-na friamente. A garota, ao terminar, levantou-se, e Célio lhe disse:

— Vamos fazer o almoço hoje aqui em casa. Você e Simone ajudarão a Lu.

A mocinha afirmou com a cabeça, tirou sua xícara da mesa e foi lavar a louça na cozinha.

Luciene logo depois tirou as outras louças da mesa, colocou-as na pia e falou:

— Bia, vou com seu pai comprar os ingredientes que necessito para fazer o almoço. Vamos fazer salada, frango e arroz.

A garota pensou que, como sempre, ela lavaria as verduras; Luciene somente as colocaria na travessa; e o frango com certeza já viria pronto. Concordou com a cabeça. Minutos depois escutou-os sair. Beatriz deu uma organizada na casa, depois foi lavar roupas.

Simone acordou, tomou o desjejum e foi atrás da irmã, que estendia as roupas.

— Bia, contei à mamãe de seu namoro, ela ficou contente.

— Si, não é melhor você parar com isso?

— Não estou fofocando. Comento esse fato somente com você. Falo com mamãe, ela me entende. Mas não é isso que quero lhe falar. Não estou me sentindo bem. Sinto fraqueza, meu braço direito parece que adormece, sinto dores no corpo e na cabeça. Tenho vontade de ficar quieta na cama.

"Realmente", pensou Simone, "tenho me sentido adoentada. Não quero assustar minha irmã, mas devo estar doente. Será que vou morrer? Estarei com alguma doença grave? Sinto-me tão prostrada! Aqui em casa faço as coisas com esforço, queria ficar deitada."

— Vou falar com papai — determinou Beatriz.

— Aproveite e fale de seu namoro. Se ele ficar sabendo por outras pessoas, fará um escândalo, é perigoso ele xingar o Nestor.

— Você tem razão, vou falar com papai antes do almoço, mas vou dizer que estou pensando em namorá-lo. Será como lhe pedir permissão.

Simone foi ajudar a irmã. Ambas ouviram o casal chegar. Quando acabaram com a roupa, foram à cozinha preparar a salada. Ao escutarem Luciene ir para o quarto, as duas foram falar com o pai.

— Papai — disse Beatriz —, uma pessoa me pediu em namoro.

— Namorar? É nova! Quem é?

— Nestor, ele é dono da loja ao lado da que eu trabalho.

Célio coçou o queixo e perguntou se era Nestor... Falou o nome inteiro.

— Sim — respondeu Bia.

— Tudo bem — concordou Célio —, ele é boa pessoa.

— O senhor não acha ele velho para ela? — indagou Simone.

— Isso é Bia quem tem de saber. Se resolver namorá-lo, vamos combinar um almoço num domingo aqui em casa.

"Aceitou fácil porque Nestor é rico", pensou Simone. "Se fosse alguém sem posses financeiras, papai não deixaria. Interesseiro!"

— Então, se o senhor concorda, vou namorá-lo — falou Beatriz. — Papai, Si não está bem. Tem estado cansada, desanimada, com dores pelo corpo e com muitas dores de cabeça.

"Mais essa...", pensou Célio. "Uma filha doente. Será que está mesmo ou quer atenção? Essa minha caçula é um problema. Mas e se estiver realmente? É melhor levá-la ao médico."

— Marque uma consulta para ela com o doutor Haroldo. Bia, será que você pode ir com Simone? — perguntou Célio.

— Pedirei à minha patroa para sair por algumas horas. Tenho algumas a mais trabalhadas. Quero ir com ela.

— Faça isso, vou lhe dar dinheiro para a consulta e os remédios, isto se o doutor Haroldo receitar algo; compre na farmácia perto de casa que depois eu pago.

As duas voltaram à cozinha. Júnior levantou-se e se reuniu com as irmãs, conversaram baixinho.

— Vou almoçar com vovó Laís — comunicou o moço.

— Tem sorte, senão comeria salada e frango — disse Simone. — Ju, vamos sair às dezesseis horas e com certeza voltaremos ao anoitecer.

— Depois do almoço vou encontrar com amigos e volto à noite. Tchau, estou indo.

Júnior despediu-se e saiu sem falar com o pai, que estava na sala com Luciene.

Os quatro se reuniram para almoçar.

— Aonde Júnior foi? — perguntou Célio.

— Almoçar com vovó Laís — respondeu Beatriz. — Papai, Simone e eu vamos sair à tarde, voltaremos à noite.

Comeram a refeição em silêncio. As irmãs lavaram as louças, depois Beatriz foi passar roupas, Simone foi se deitar. O casal foi assistir televisão, sairiam à noite. A casa estava silenciosa, sem barulho, Maria Tereza dormia.

Júnior foi almoçar com a avó. Ela o esperava e fez uma deliciosa comida, a que sabia que o neto gostava. O encontro foi agradável. O moço sabia tratar a avó, o fazia com carinho e atenção. Ajudou-a a lavar as louças, conversaram bastante e depois disse que ia se encontrar com amigos e se despediu.

Laís ficou contente, acompanhou o neto até o portão e recebeu muitos beijos na despedida.

"Que domingo diferente!", pensou Laís. "Foi muito agradável ter companhia. Até me alimentei melhor! Amo este neto!"

Júnior foi para o parque onde, segundo Rodrigo, Murilo ia nas tardes de domingo. Lá, procurou pelo amigo, viu-o com outros jovens, conhecia alguns de vista. Aproximou-se.

— Murilo! Como está, amigo? — perguntou Júnior ao abraçá-lo.

— Estou bem! Veio de férias? Como está a universidade? Conhece meus amigos?

O recém-chegado cumprimentou os outros jovens. Conversaram por uns minutos. Depois, Júnior pediu:

— Posso conversar sozinho com você por uns instantes? — Vendo o amigo vacilar, rogou — Por favor!

Murilo fez um sinal com a mão para os colegas e se afastou com o amigo de infância. Sentaram-se num banco.

— Se veio dar opinião sobre a minha vida, é melhor se calar — falou Murilo.

— Meu amigo! — exclamou Júnior. — De fato, estou perplexo. Cheguei ontem e, ao perguntar de você, eles me contaram que se afastou de nossa turma, tem outros amigos e...

— Estou me drogando — interrompeu Murilo. — É verdade. Mas não estou viciado, paro quando quiser.

— Isto me tranquiliza. Então pare, Murilo!

— Não escutou? Paro quando quiser! Agora não quero! Se não mudar de assunto, volto para perto de minha turma.

— Sua turma não é a nossa? — perguntou Júnior.

— Tudo muda, meu caro. Você continua fazendo parte dela? Da turma de antigamente? Estuda em outra cidade, vem pouco aqui.

— Quando venho, gosto de estar com eles. Ontem senti sua falta. Como está?

— Bem — respondeu Murilo. — Tenho me divertido. Ju, você não quer comprar esta bolsa?

Murilo tirou, de dentro da mochila que estava em suas costas, uma bolsa.

— Essa não é aquela bolsa que você ganhou no Natal de sua mãe? Gostou tanto do presente.

— Mas enjoei!

— Por que está vendendo?

— Não interessa. Quer ou não comprá-la? — Murilo insistiu.

— Tenho pouco dinheiro. Não quero comprá-la. Murilo, por favor, pare com as drogas enquanto ainda consegue. Droga é droga, amigo!

— Vá pro inferno! Não me procure mais com esse papo. Você não tem a ver com isso.

Murilo levantou-se e, andando rápido, foi para perto dos amigos. Ao se reunir com eles, foram para o outro lado. Júnior ficou os olhando, sentiu uma tristeza que lhe doeu o peito. Ficou por uns cinco minutos sentado sozinho.

"Meu amigo já é um viciado. Está vendendo seus pertences, logo roubará a família. Meu Deus! O que eu faço? O que eu estou fazendo? Tomara que vovó me ajude. Vendo Murilo como está, estou decidido: não entrego mais drogas. Paro de estudar e vou trabalhar, mas não faço mais isso. Será que viciei alguém? Como saber? Só tenho uma certeza: Alguém como Murilo comprou a droga que entreguei."

Aborrecido, foi para um barzinho onde havia combinado se encontrar com amigos. Ele contou para os colegas da conversa que teve com Murilo.

— Para ele tê-lo tratado assim é porque ainda não havia consumido nada — disse Pedro. — Murilo é agressivo quando está sobre o efeito dos tóxicos. Uma vez falei com ele, disse somente para não se drogar, ele me apertou meu pescoço e tive de lhe dar um empurrão. Desde este dia, somente o cumprimento.

— Então ele está vendendo a bolsa? Gostava tanto dela — Rodrigo indignou-se.

— Quando ele começou a usar drogas? Vocês sabem? — Júnior quis saber.

— Soubemos no início das aulas — respondeu Rodrigo. — Penso que ele já as usava, mas pouco; depois passou a consumi-las mais e se afastou da gente.

Chegaram outros amigos e mudaram de assunto.

"Fizemos um juramento", pensou Júnior, "de nunca falar o que fazemos de errado aos pais. Por isso ninguém da turma cogitou contar aos pais de Murilo que ele está se drogando. O caso agora é sério. Penso que o juramento se anula com algo grave. Vou pensar no que farei. Porque devo fazer algo. Tenho de ajudá-lo. E não posso falar nada para meus amigos. Eles não concordariam."

Júnior se distraiu, gostava dos amigos. Eram dez horas da noite quando chegou em casa. Célio estava na sala vendo televisão e falou alto.

— Boa noite, filho!

— Boa noite! — respondeu Júnior e entrou em seu quarto.

Célio e Luciene ficaram vendo televisão depois do almoço e saíram em seguida: foram passear de carro, tomaram um lanche, ele a levou para sua casa e voltou para a dele.

Os desencarnados imprudentes que ficaram encarregados de intuí-los, levando-os a discutir, brigar, não os incomodaram naquele domingo. Sentiam ainda como se vivessem encarnados e que deveriam ter um dia de folga na semana. No domingo, não se aproximaram do casal, e os dois se sentiram melhor, não pensaram em filhos.

Célio estava aborrecido sem entender o porquê. As filhas chegaram, somente o cumprimentaram e foram para o quarto, assim como Júnior.

Resolveu dormir.

Irene foi almoçar com os pais, estava triste e aborrecida.

"A parte ruim de ser amante é isto: domingos e feriados, ele passa com a família. Vou almoçar com meus pais, mas eles não são boas companhias, estão sempre discutindo e cobram que eu não os ajudo etc."

Naquele domingo, almoçaram em silêncio. Depois de ajudar a mãe na cozinha, Irene foi para sua casa. Telefonou para algumas amigas e encontrou uma para passear à tarde. Foram ao parque.

Viu Júnior chegar e ficou atenta a ele. O rapaz não a viu, ou fingiu não vê-la. Apreensiva, viu aquele que julgou por algum tempo ser seu enteado encontrar com uma turma que sabia ser de jovens que se drogavam. Pediu para a amiga ficar com ela parada num local onde não seria vista pelo jovem e o ficou observando.

Viu Júnior se afastar com um moço, e os dois conversarem. Viu o outro tirar de sua mochila algo, mostrar ao filho de Célio e este pegar. Sentiu seu coração disparar.

"Será", pensou Irene, "que Júnior está se drogando? Meu Deus! Não quero isso. Preciso ver melhor."

Aproximou-se mais e viu que o objeto era uma bolsa masculina. Júnior a devolveu. Percebeu que o outro moço estava aborrecido e se afastou. Ficou olhando Júnior sentado, triste e pensativo. Depois levantou-se e foi embora.

"Parece que o filho do Célio veio ao parque somente para conversar com esse jovem. Talvez eles sejam amigos. Meu Deus! Não me desligo deles! Isto é culpa! Sendo amante por tantos anos de Célio, senti a família dele como se fosse a minha. Com certeza fiz Tetê sofrer, e os filhos, vendo a mãe triste e não gostando de mim, passaram a não gostar também. Quando me tornei amante de Célio, ele e Tetê já não estavam mais juntos; moravam na mesma casa, mas estavam separados. Talvez este fato não importe para os filhos, eu era a outra. Será que eles gostam de Luciene? O melhor que eu tenho a fazer é tentar me distrair. Que Célio e a família se danem!"

Tentou realmente se distrair, mas não conseguiu.

Maria Tereza acordou, levantou, arrumou-se, tomou os remédios e andou pela casa.

"É tão triste ficar sozinha. Hoje é domingo, e eles são jovens, têm mesmo de sair, distrair-se."

Sentou-se na poltrona de seu quarto e ficou recordando:

"Estava me sentindo cansada, pois trabalhava muito. Com a minha costura, comprava muitas coisas para meus filhos. Não dei importância ao meu corpo. O médico disse que talvez minha pressão arterial tenha subido, e eu nem notei. O fato é que passei mal, fui hospitalizada e adoeci. Ainda bem que entendo tudo. Fiquei uma semana no hospital, depois vim para casa. Organizaram-se. Rosita passou a vir mais vezes. Beatriz e Simone ficavam muito comigo. Ivany, uma enfermeira, vinha duas vezes por dia, cedo e à tarde, me auxiliar com a higiene, aplicar injeções e organizar meus remédios. Célio passou a ficar mais em casa e me ajudou também. O pior desta minha doença foi ficar sem falar. Tentei escrever, não consegui. Fiquei assim por cinco meses e vinte e um dias e, tive de voltar para o hospital. Depois que voltei da segunda internação, melhorei. Ivany foi dispensada. Embora tristes, as meninas não se preocupam mais tanto comigo. Beatriz arrumou um emprego. Gosto de ficar perto de Simone: ao lado dela, sinto-me melhor. Pena ela ter saído. Minha filha me faz tão bem! Até minhas dores melhoram quando estou ao seu lado. Vou esperá-la. Se sentir sono, vou deitar e dormir. Amanhã falo com elas. Falo não! Que pena eu não conseguir falar. Simone me entende. Que filha especial eu tenho. Amo-os muito mas, minha caçula é meu xodó.

 Beatriz e Simone esperavam por Nestor no portão. Ele chegou e desceu para abrir a porta do carro para elas. Cumprimentaram-no sorrindo.
 — Vou levá-las ao shopping na cidade vizinha. Querem?
 — Sim — responderam juntas.
 — Não conhecemos — falou Simone —, a maioria das minhas amigas já foi. Dizem que é lindo!
 — Então vamos — determinou Nestor.
 As duas se encantaram com o passeio.
 — Quero lhes dar um presente — disse Nestor. — Vi que olharam as roupas daquela vitrine com mais atenção. Vamos comprá-las!
 — Não. Por favor, Nestor, não podemos aceitar — falou Beatriz.
 — Por que não? Quero lhes dar.
 — Eu aceito! — exclamou Simone.
 — Si! — Beatriz, séria, chamou a atenção da irmã.
 — Bia, meu bem, por favor, aceite. É somente um presente — rogou Nestor.
 — Faz tempo que não ganho um presente. No meu ani-

versário, somente Bia me deu. Foi uma blusa que vende na loja em que ela trabalha.

— Vamos comprar — decidiu Nestor.

Comprou para a namorada duas blusas e uma calça comprida e, para a cunhada, uma calça e uma blusa.

As duas, alegres, experimentaram as roupas e saíram da loja com as roupas novas. Agradeceram.

Nestor ficou contente com a alegria delas. Lancharam e voltaram para casa. Simone deixou-os sozinhos. Nestor beijou Beatriz na despedida.

Como na noite anterior, Simone esperou-a, entraram juntas e foram para o quarto. Estavam contentes.

— Bia — queixou-se Simone —, basta entrar em casa para eu sentir um mal-estar. Penso que é a energia ruim da intrusa. Estava tão contente. Queria morar em outra casa.

— Se tudo der certo, caso logo e você morará comigo — prometeu Beatriz. — Amanhã cedo, vou marcar horário para uma consulta. Você deve estar anêmica. Vou cuidar de você, irmãzinha!

Foram dormir.

Armando acordou se sentindo muito solitário e melancólico. Não entendeu o porquê de se sentir assim.

"Será que aconteceu algo com meus familiares?", indagou-se.

Telefonou para os pais e depois para o filho. Todos estavam bem. Como havia programado, iria, na manhã de domingo, ao centro espírita, onde, pela terceira vez, participaria de um trabalho voluntário que o grupo realizava. Distribuíam cestas básicas para pessoas carentes e também tinham atividades com crianças das famílias assistidas.

Estava se entrosando com o grupo, no qual fora muito bem recebido.

Enquanto organizavam as cestas e as atividades, os membros do trabalho voluntário conversavam. Verônica foi separar os alimentos que seriam doados com Armando. Ele já havia notado certo interesse dela. Achava-a bonita, educada, deveria ter trinta e cinco anos, mas era loura de olhos verdes.

"Não sou racista", pensou Armando, "mas não combinamos, não fazemos um casal bonito. Minha esposa era negra, e meus filhos também são afrodescendentes. Talvez esteja sendo pretensioso, ela deve estar sendo somente gentil".

— O que é trabalho para você? — perguntou Verônica.

— É uma lei da natureza — respondeu Armando. — Por isto é uma necessidade, é um preservativo contra nossas tristezas, acalma nossas angústias. É fonte do progresso. E o trabalho voluntário, este que fazemos, o que exercita a fraternidade com o próximo, é darmos algo de nós a favor de outrem, com respeito ao semelhante. É uma tarefa desinteressada na vivência do "amai-vos uns aos outros".

— Gostei de sua resposta — afirmou Verônica.

Ela foi chamada para resolver um problema, e Moacir veio auxiliá-lo.

— Temos de ser rápidos, logo as famílias estarão aqui. Vou com Mirtes e Leandro às casas de algumas pessoas, dois casais de idosos e três moradias com doentes. Verônica é uma moça excelente. É solteira e nossa companheira de muitos anos. Dá aulas de evangelização para as crianças e é amada por elas. Mora com os pais, trabalha como secretária de um médico. Consegue algumas consultas e remédios para nossos doentinhos.

Armando escutou calado, sorriu somente e matutou:

"Por que será que Moacir está me dizendo isso?"

O companheiro continuou falando, mas mudou de assunto, contou casos de assistidos pelo grupo.

Tinham muito o que fazer. O tempo passou rápido.

"Como é bom", pensou Armando, "fazer algo de bom para outras pessoas. Sinto receber mais do que dou. Estava me sentindo triste e fiquei alegre. Bendito o trabalho voluntário!".

As atividades terminaram, e ele foi almoçar sozinho num restaurante perto de seu apartamento. Passou a tarde lendo e escrevendo cartas a amigos das diversas cidades em que morou.

"Tenho muitos amigos. Isto é bom. Amanhã devo jantar com minha nova amiga, a dona Laís. Tomara que consiga ajudá-la e também a Maria Tereza."

Foi dormir cedo.

7º CAPÍTULO

Na semana

Segunda-feira amanheceu um dia lindo de inverno, Beatriz levantou-se cedo e foi trabalhar. Rosita chegou logo depois e se pôs a arrumar a casa, fazendo barulho. Simone levantou sentindo-se cansada, foi para a cozinha e Júnior, pelo barulho, logo levantou-se também. Rosita, contente, cumprimentou o moço:

— Júnior, como você está bonito! Dona Maria Tereza deve se sentir orgulhosa de você.

— Alegro-me por encontrá-la aqui — disse o jovem. — Como está você? E sua família?

— Estamos bem. Sinto por tê-lo acordado, mas preciso limpar a casa como dona Maria Tereza gosta. Vou agora dar somente uma limpadinha no quarto dela, faxinei-o na semana passada.

Rosita foi para o corredor, e os irmãos escutaram-na bater na porta, pedir licença e entrar no quarto. Ouviram-na também cantar.

— Que voz desafinada — comentou Júnior baixinho.

A diarista parou de cantar, e Simone quis saber o porquê.

— Acho que dona Maria Tereza não quer que eu cante. Ai, meu Deus! Quase que deixo o remédio cair.

"Desastrada!", pensou Maria Tereza saindo do quarto. Foi para perto dos filhos na cozinha. Ficou os olhando com carinho.

"Amo-os! Meus filhos são tudo para mim."

Aproximou-se mais de sua caçula.

— Vou almoçar com vovó Laís todos os dias da semana. Irei embora no domingo à tarde — comunicou o rapaz.

— Hoje Rosita fará o almoço, vou avisá-la. Não entendo como consegue fazer vovó lhe dar alguma coisa e convidá-lo para almoçar. Ela não gosta da Bia nem de mim.

— Eu também não a entendo — falou Júnior. — Vovó é boa pessoa. Talvez eu saiba lidar com ela, conversamos muito e ameacei parar de estudar. Não foi somente uma ameaça, estou decidido; se não receber mais dinheiro para me manter, desisto de estudar.

— Tomara então que vovó o ajude! — desejou Simone.

Maria Tereza prestava atenção nos filhos e almejou muito que sua mãe ajudasse seu menino.

"Tudo culpa do Célio! Miserável! Sai, passeia, gasta dinheiro com a intrusa e não dá para os filhos. O que faço? Meu Deus! Ajude-nos!"

— Deus nos ajude! — exclamou Simone.

— O quê? — Júnior não entendeu.

Simone riu com o espanto do irmão, abriu mais os olhos e respondeu:

— Foi somente uma expressão.

— Vamos jogar? Pegue um jogo e vamos nos distrair um pouco até a hora do almoço.

— Nas férias, costumo ajudar Rosita. Farei isto à tarde. Vou buscar um jogo.

Maria Tereza ficou olhando os filhos jogarem, distraírem-se. Escutou quando Rosita acabou de arrumar seu quarto; sentindo-se cansada, foi para lá e se deitou.

"Simone", pensou ela, "resolveu não contar ao irmão que não se sente bem. Bia e ela decidiram não falar a ele para não preocupá-lo. Concordo com elas".

Na hora do almoço, Júnior saiu. Simone e Rosita almoçaram em silêncio. Depois a garota foi ajudar a diarista, porém se sentiu tão cansada que a diarista percebeu e aconselhou:

— Vá deitar, Simone. Ainda bem que Bia a levará ao médico. Você realmente não está nada bem.

A garota se sentia exaurida, foi deitar e lamentou:

— É quando nos sentimos adoentados que necessitamos dos pais. Coitadinha de minha mãezinha! Se pudesse, me ajudaria.

Não conseguiu dormir porque a faxineira fazia muito barulho. À tardinha, levantou-se e foi ver televisão.

Laís, contente, esperou pelo neto e fez o almoço. Quando ele chegou, recebeu-o com carinho e conversaram bastante. O neto foi embora à tarde, e ela preparou o jantar. Esperou por Armando, o colega de juventude de Maria Tereza.

Armando foi pontual e trouxe para a anfitriã um vaso de flores. Conversaram por alguns minutos, depois se dirigiram à sala de jantar.

— A senhora está contente! — observou Armando.

— Hoje estou tendo um dia diferente! Meu neto, Júnior, filho de Maria Tereza, está de férias, veio almoçar comigo, e você, jantar. Estou tendo companhia e com quem conversar. Minha vida é muito solitária! Normalmente faço as refeições sozinha.

— Dona Laís, nós escolhemos nossa maneira de viver. Era para eu me sentir sozinho, mas não sinto solidão, isto porque tenho me esforçado para fazer amigos. Estou nesta cidade há pouco tempo, viúvo como a senhora, com o filho morando longe... Adapto-me a esta nova forma de viver. Saio, tento me distrair e ajudo outras pessoas.

— Como tem tempo? Seu trabalho deve absorver muitas horas — curiosa, Laís quis saber.

— É somente nos organizarmos que temos tempo para tudo o que queremos fazer. Penso que, se Deus age, eu também preciso agir: é o exercício de viver. Não quero parar porque quem fica parado entra em estado de letargia, pode apodrecer e, consequentemente, adoece.

"É isto que deve estar acontecendo comigo", pensou Laís. "Sinto que estou estagnada. Nada faço para outrem e, consequentemente, os outros sentem dificuldades para fazer algo por mim."

— Vamos jantar — convidou Laís.

Jantaram conversando e foi, para ambos, um encontro muito agradável. Depois da sobremesa, voltaram à sala de estar e conversaram mais um pouco. Laís quis saber como era e o que ele fazia no trabalho voluntário de que participava. Ele, solícito, contou alguns fatos interessantes, mas escolheu os alegres. Riram.

— Armando, quando orar, reze por mim — pediu Laís.

— Sim, farei orações para a senhora. Porém, dona Laís, a oração beneficia realmente quem ora.

— Você é tranquilo porque é benevolente? Por que faz caridade? Em que se baseou para fazer o que faz?
— Nos ensinamentos de Jesus — Armando respondeu tranquilo.
— Resposta muito simples.
— Mas de grande profundidade. Tento fazer aos outros o que gostaria, se estivesse na situação deles, que me fizessem. Os bons exemplos são meus objetivos. Recebi muito, tenho recebido e, como me foi feito, tento fazer aos outros.
— Você espera receber algo de quem ajuda? Ou está retribuindo o que recebeu dessas pessoas? Se for isso, como ocorreu? — Laís perguntou, realmente interessada em saber.
— Nem sempre é possível retribuir o bem a quem nos fez. Não espero nada de quem ajudo nem agradecimento. É fazendo, dona Laís, que um dia podemos dizer: está feito! Fiz o que me cabia realizar. Pode ser que alguém que ajudo agora venha me auxiliar no futuro. Porém, tenho visto que, ajudando, ajudado está.
— É muito profundo! Vou pensar no que me disse. Vamos nos encontrar mais vezes para conversarmos.
— Tenho de ir embora, amanhã levanto cedo. Foi uma noite muito agradável. Agradeço pela acolhida e pelo jantar.
— Volte — pediu Laís —, por favor, na segunda-feira que vem. Meu neto irá embora no domingo, regressará à cidade em que estuda.
— Será um prazer. Boa noite! — Armando se despediu.
— Boa noite!
Laís o acompanhou até o portão. Estava contente e, naquela noite, orou mais do que de costume. Dormiu tranquila.

Beatriz, logo cedo, marcou uma consulta para a irmã com o médico da família, doutor Haroldo, clínico geral, para o dia seguinte, terça-feira. No almoço, comentou com Nestor, que opinou:

— Penso, Bia, que Simone está muito triste e sozinha em sua casa. Não é certo o que seu pai faz com vocês. Terei de ser educado, me controlar para, ao conversar com ele, não dizer umas verdades. Penso que vocês duas devem mudar daquela casa.

— Mas como? — perguntou Beatriz.

— Casando comigo, e sua irmãzinha indo morar conosco. Sei que é cedo ainda para falarmos sobre isto, mas quero que saiba que tenho boas intenções com você.

— Obrigada, Nestor — falou Beatriz demonstrando satisfação.

"É o que quero", pensou a mocinha. "Casar e sair de casa com Simone."

À tarde, Beatriz conversou com a proprietária da loja.

— Tenho no banco de horas seis positivas. Posso tirar duas horas amanhã? Quero ir ao médico com minha irmã.

— Ela está doente? — perguntou a dona da loja.

— Simone deve estar anêmica, tem se sentido muito cansada, triste e se queixa de dores.

— Não é melhor levá-la para benzer? Ir a um centro espírita para tomar um passe?

— Somos de outra religião — disse Beatriz.

— São muito religiosos? — quis saber a dona da loja.

— Mais ou menos.

— Talvez seja este o momento de serem mais religiosos. Religião faz falta. Pode sair e espero que tudo dê certo.

— Obrigada. Espero não demorar mais do que duas horas.

À noite saiu com Nestor. Tentou, esforçou-se para parecer alegre e agradá-lo. Mas estava preocupada com a irmã. Quando chegou em casa, Júnior havia saído, o pai e Luciene estavam na sala. Encontrou Simone deitada, abraçou-a e contou:

— Marquei uma consulta para você. Amanhã você irá às quatorze horas na loja e iremos ao consultório do doutor Haroldo. Como passou o dia?

— Mais ou menos. Não sei explicar o que sinto. Penso que estou realmente doente.

— Não é nada grave. Logo estará bem! — afirmou Beatriz.

No outro dia, como combinado, Simone foi à loja e de lá as duas foram ao consultório. O médico, amigo da família, conhecia-as desde pequenas e as cumprimentou com carinho.

— O que está acontecendo com você, Simone? O que está sentindo? — quis doutor Haroldo saber.

— Não sei — respondeu a garota.

A irmã intrometeu-se e contou:

— Ela se queixa de fraqueza, dores de cabeça e no corpo, não tem se alimentado direito e está triste.

— Vou examiná-la.

Depois de medir a pressão e fazer alguns procedimentos de rotina, o médico determinou:

— Terá de fazer alguns exames. Faça-os logo que for possível e me traga os resultados. Vou receitar já dois remédios: um para abrir o apetite, um tônico de vitaminas e o outro para dormir melhor, para relaxar. A senhorita está muito tensa. Não é nada grave, talvez esteja anêmica e, se for isto, com algumas vitaminas e ferro, se resolverá. Aconselho-a a não ficar sozinha, a se alimentar em horários certos e a se distrair.

Despediram-se do médico, Simone voltou para casa, e Beatriz, para o trabalho, ela estava preocupada.

"Como não deixar Simone sozinha? Nesta semana, as férias acabam: o lado bom é que Simone retornará às aulas e ficará mais tempo longe de nosso lar; porém, eu fico pouco em casa. Papai não liga para ela. O que faço? Paro de estudar? Neste semestre termino, recebo o diploma. Deixo de trabalhar? Mas com este dinheiro é que compro materiais escolares, algumas roupas e dou dinheiro a ela. Vou falar com papai."

Simone voltou para casa e telefonou para o pai, que nem prestou atenção ao que a filha falou e ordenou:

— Vá à farmácia perto de casa e compre os remédios como já falei, depois passo lá e pago.

A garota ficou triste.

Maria Tereza, que aguardava ansiosa a filha voltar da consulta, aproximou-se da garota, escutou-a falar com Célio e, quando ela desligou o telefone, pediu:

"O que o médico falou? O que você tem?"

Simone pensou na consulta e falou baixinho o que ocorreu no consultório.

"Você ficará boa, filhinha! Deve ser somente anemia. Vá comprar os remédios e os tome direitinho."

A garota estava com vontade de deitar, mas foi comprar os remédios. Foi e voltou rápido, a farmácia era perto, depois deitou-se. Maria Tereza sentou-se na cama da outra filha e ficou fazendo companhia à sua caçula.

Beatriz continuou preocupada com a irmã. Ao sair da loja à tarde, encontrou-se com Nestor, que a esperava. Contou a ele sobre a consulta.

— Penso, Bia, que você deve falar com seu pai. Não quero criticá-lo. Cada pessoa é de um jeito, pensa de um modo. Eu quero ser bom pai! Farei tudo pelos meus filhos. Você quer ter filhos?

— Sim, quero. E, se os tiver, quero ser uma excelente mãe.

— Então, seremos bons pais — determinou o namorado.

— Você se importa se voltar mais cedo para casa? Estou preocupada com minha irmã.

— Vamos fazer o seguinte: vamos comprar lanches. Você escolhe dois e os leva para casa para comer junto com Simone. Aproveite: se seu pai estiver em casa, fale com ele sobre sua irmã.

— Obrigada! — agradeceu a moça.

Carregando os dois lanches, Beatriz entrou em casa, viu seu pai e Luciene na sala, passou reto e foi para o quarto. Simone estava deitada.

— Si, querida, Nestor mandou para você um lanche. Trouxe dois, vamos comer juntas.

— Você não ficou namorando por minha causa? — perguntou Simone.

— Estava preocupada com você e quero falar com papai.

— Vamos comer aqui no quarto, senão teremos de dividir com eles o lanche. E, depois, não os quero para companhia. Fiquei a tarde toda no quarto e papai nem veio aqui para saber como estou.

— Vou falar primeiro com ele — determinou Beatriz.

"Vá, querida", pensou Maria Tereza, "eu fico aqui. Depois

como o lanche com vocês. Se eu for à sala pioro as coisas. Célio está lá com a intrusa, e eu não quero vê-la."

— Boa noite! — cumprimentou Beatriz entrando na sala.

Depois dos cumprimentos, Beatriz olhou para o pai, ignorou Luciene e falou:

— Papai, hoje à tarde fui com Simone ao médico.

— Eu sei, ela me ligou porque precisava comprar remédios, eu a autorizei a ir à farmácia.

— Doutor Haroldo pediu exames.

— Pois os faça.

— Como pago? — perguntou Beatriz.

— Vou lhe dar um cheque em branco e assinado para pagar o laboratório. Cuidado com ele, não vá perdê-lo.

— O senhor não quer saber o que Simone tem?

— Se o médico — respondeu Célio — pediu exames é porque não deve saber o que ela tem. O que ele falou?

— Que talvez Si esteja anêmica e com início de depressão.

— Também, esta garota está sempre fazendo regime — intrometeu-se Luciene.

— Minha irmã não faz regime — falou Beatriz.

— Você não vê que ela come pouco? — perguntou Luciene.

— O doutor pediu para ela se distrair, não ficar sozinha — contou a mocinha.

— Como? — Célio sorriu. — Como não deixá-la sozinha? Você não para em casa, e eu tenho de trabalhar.

— Não paro em casa porque trabalho e estudo — defendeu-se Beatriz.

— Você está muito abusada! — exclamou Célio. — Não me responda! Na semana que vem começam as aulas, e Simone se distrairá.

95

Célio aumentou o som da televisão e prestou atenção no noticiário. Beatriz saiu da sala e foi para o quarto.

Os dois desencarnados, Mimi e Nacrelo estavam ali atentos.

— *Não gosto que a menina esteja doente!* — disse Mimi.

— *Nada temos com isso* — falou Nacrelo. — *Nosso trabalho é fazer o casal brigar. Eu não queria ser filho dele. Que pai! As mocinhas são educadas e tão bonitinhas.*

— O que você acha, Lu, sobre a doença da Simone? — Célio quis saber a opinião da namorada.

— Fraqueza por causa do regime. Talvez esteja anêmica, quer atenção, testar sua paciência, atrapalhar sua vida. Ciúmes de menina mimada!

— Deve ser isso — concordou Célio.

— Tomara — desejou Luciene — que o médico receite a ela umas injeções. Ao tomá-las, com certeza sarará logo dessa manha.

— Como filhos dão trabalho!

— Não, querido, nem todos! Quando a mãe sabe educá-los, eles não dão trabalho.

— Vamos prestar atenção no programa — pediu Célio.

— *É melhor irmos embora. Que chato ver programas de notícias. Tudo a mesma coisa! Só desgraças!* — falou Nacrelo a Mimi.

Os dois desencarnados imprudentes foram embora. O casal ficou vendo o programa.

— Papai — contou Beatriz a Simone ao entrar no quarto — me deu um cheque para pagar os exames. Vou com você amanhã cedo. Avisei na loja que talvez chagasse atrasada.

— Ainda bem que irá comigo. Tenho medo de agulhas.

"Vá, sim, com sua irmã", pediu Maria Tereza. "Si tem

medo de injeções. Se eu pudesse, iria junto. Tomara mesmo que não seja nada grave."

— Será que papai está preocupado comigo? — a menina quis saber.

— Não sei — respondeu Beatriz.

— Não está. Penso, Bia, que temos mesmo de sair daqui.

"Vou", pensou Beatriz, "agradar mais ainda o Nestor, conquistá-lo e casar o mais depressa possível com ele".

— Vamos comer! — determinou a irmã mais velha.

Maria Tereza chegou mais perto de Simone e sentiu que a filha lhe dava de comer.

— Que lanche gostoso! — A caçula exclamou o que a mãe pensou.

Comeram caladas e depois foram dormir.

Júnior saiu e se encontrou com os amigos. Conversavam animados quando Murilo chegou e cumprimentou a turma. Falavam de futebol e continuaram. Num pequeno intervalo, João Paulo comentou:

— Murilo, sentimos sua falta. Tem nos evitado. Não gosta mais da gente?

— Vocês não gostam do que eu gosto no momento — respondeu Murilo.

— Amigo — disse Júnior —, estamos preocupados com você, é nosso amigo de infância, de juventude. Volte para nossa turma, mas limpo.

— Estou sujo, por acaso? Estou fedido?

— Você entendeu — falou Rodrigo.

— Pare, Murilo! Por favor! — pediu Júnior.

— Vou embora! Que chato! — exclamou Murilo.

— Fique! — rogou Pedro. — Não falamos mais sobre isso. O técnico do nosso time vai mudar de novo...

Murilo ficou, parecia entediado, falou pouco. O assunto preferido de antes já não o interessava. Júnior, disfarçadamente, olhou muito para ele. Como todos estavam de férias, ficaram até mais tarde conversando. Despediram-se e cada um voltou para seu lar.

"Vou tomar uma atitude!", pensou Júnior determinado. "Preciso fazer algo! E vou fazer. Vou pensar em como ajudá-lo."

Foi embora contente por estar com amigos afins, mas, ao mesmo tempo, estava aborrecido consigo mesmo, por ter algumas vezes entregado drogas e por ver um amigo dependente dos tóxicos. Chegando em casa, tentou não fazer barulho. Todos dormiam e foi dormir também.

8º CAPÍTULO

As férias terminam

No outro dia cedo, Beatriz se levantou uma hora antes do costume, fez o café, o tomou, chamou Simone, e foram ao laboratório. Segurou na mão da irmã enquanto a enfermeira tirava o sangue.

— Agora, Si, vá para casa, tome seu café. Vou trabalhar.

Chegou só dez minutos atrasada. Nestor somente lhe abanou a mão, cumprimentando. Logo depois, aproveitando que a loja não tinha clientes, Beatriz foi à loja de Nestor para comprar as roupas que prometera ao irmão. Entrou e pediu o que queria ao vendedor. O moço mostrou algumas e se afastou, foi contar ao seu patrão que a namorada dele estava na loja. Nestor veio rápido para vê-la. Beatriz ficou envergonhada, pois escolhia roupas íntimas masculinas, ruborizou, sentiu a face ficar vermelha. Nestor admirou o recatamento dela.

— Oi, Bia. Veio comprar o quê? — perguntou Nestor sorrindo.

— Algumas roupas para o Júnior — respondeu a garota.

— Pois então escolha, temos ótimas roupas. Darei um desconto para você.

— Não precisa. É que Júnior não sabe comprar. Vou dar a ele.

Nestor entendeu que seria ela a pagar. Com certeza o pai não dava a eles dinheiro para roupas. Sentiu pena e admiração pela namorada. Sorriu. Perguntou de Simone e depois falou:

— Vou deixá-la à vontade. Encontraremo-nos no horário do almoço.

Nestor falou algo baixinho para seu empregado e se afastou, voltou para seu escritório nos fundos da loja. Beatriz escolheu várias peças.

— Quanto é? — perguntou ela.

— Vou somar — respondeu o vendedor.

Após somar falou a quantia a ser paga.

— Só isso?

— O senhor Nestor me ordenou dar o desconto.

— Não é muito? Deve ser de setenta por cento.

— Bia, por favor, cumpro ordens — disse o vendedor.

— Então, vou pegar mais peças.

Contente, saiu da loja com o pacote. Imaginou que Júnior se alegraria com o presente. No horário do almoço, agradeceu ao namorado.

— Bia, foi você quem pagou, não foi?

— Sim, faz tempo que papai não nos dá nada. Vovó deu umas roupas para meu irmão que foram do meu avô, e ele não tem peças íntimas, as dele ficaram velhas. Com meu ordenado, compro materiais escolares para mim e para Simone e, quando dá, algumas roupas para nós.

— Tenho vontade de conversar com seu pai sobre isso. Porém, penso que é melhor não me intrometer. Vou ajudá-la!

— Não quero, não posso aceitar — falou a garota.

— Bia, estamos namorando sério, não é? De minha parte,

estou a fim de me casar com você. Afirmo que serei bom esposo. Terá sua mesada, quero lhe dar de tudo e para Simone também. Não me importarei se você ajudar seu irmão.

Beatriz achou que era a solução e, como planejou, tratou de ser agradável, carinhosa, com o namorado.

Simone voltou para casa e tomou o café. Estava sem apetite, comeu pouco. Tinha de fazer alguns serviços domésticos e os fez se esforçando porque sua vontade era ficar na cama. Júnior se levantou, e os dois ficaram conversando, ele ajudou-a a fazer o almoço. Mas não ficou para a refeição; foi, como combinado, almoçar com a avó. Simone comeu sozinha e depois foi se deitar. Sentia-se cansada e triste.

"Será que a anemia provoca isto tudo que sinto? Será que não estou muito doente? Parece que vou morrer. Ai, que dor! Meu braço está adormecido."

Maria Tereza, preocupada com a filha, ficou sentada na cama da mais velha velando a caçula.

"Meu Deus! Se estava ruim, ficou pior. Não pensei que pudesse piorar, mas está acontecendo. Ver minha filha doente é preocupante. Beatriz preocupa-se com a irmã, mas ela é ainda tão jovem! Não contaram para o Júnior para não deixá-lo apreensivo. Célio nem ligou, ficou somente pensando em como a doença da filha sairá caro. Um dia ele pagará por tudo o que está nos fazendo."

Simone dormiu, Maria Tereza aproximou-se da filha e passou a mão na cabeça dela num gesto carinhoso.

— Mamãe! Mãezinha! — exclamou a mocinha.

"Sou eu, filhinha. Durma! Mamãe estará zelando por você!"

A intrusa

Simone acordou às dezessete horas sentindo-se mais cansada ainda. Foi com esforço que se levantou, indo tomar banho e preparar algo para comer. Maria Tereza sentou-se perto dela e comeu junto.

"Vamos, filhinha, coma: você precisa se alimentar. Coma mais! Só mais um pouquinho. Por favor!"

Depois que lavou a louça, Simone foi para a sala ver televisão. Júnior chegou, conversou com ela e, alguns minutos depois, foi tomar banho, pois ia sair de novo.

❁

Célio realmente não se preocupou com a filha. Concordou com Luciene que sua caçula era manhosa, estava chamando atenção e queria, como costumam fazer os filhos, dar despesas.

Ele estava aborrecido.

"Lu está me irritando", pensou Célio, "com essa obsessão por ter filhos. Tenho três e não quero mais. Ultimamente, só tenho problemas. Além de pagar médico, exames e remédios, tenho de dar dinheiro para o Júnior".

Chegou em casa mais cedo, encontrou a caçula vendo televisão e perguntou do filho.

— Ju está tomando banho — respondeu a garota.

"Nem perguntou como passei", Simone pensou sentida. "Com certeza, se eu morrer, achará bom por não dar mais despesas."

Enxugou algumas lágrimas.

Célio esperou o filho sair do banheiro e falou com ele em tom aborrecido:

— Ju, aqui está o dinheiro do mês.

— Pai — queixou-se o jovem —, o senhor me dá muito pouco.

— Tem se virado com essa quantia, não tem? Não reclame! Quando você se formar, irá me pagar. Estou marcando tudo o que lhe dou.

Junior sentiu vontade de argumentar, mas não o fez; pegou o dinheiro e nem agradeceu.

— De nada! — exclamou Célio.

O moço entrou em seu quarto e fechou a porta.

"Se vovó não me ajudar", pensou Júnior, "vou parar de estudar. Depois de ver Murilo viciado, não quero mais entregar drogas. Não mesmo!"

Saiu sem se despedir do pai, mas beijou Simone.

No barzinho com a turma, distraiu-se. Perguntou de Murilo aos amigos.

— Com certeza hoje ele se enturmará com seus novos amigos para se drogar — comentou Rodrigo.

Júnior decidiu que tinha de fazer algo e seria ainda naquele final de férias.

Simone, no outro dia, foi buscar os exames. Como combinou com a irmã, ela iria ao laboratório e, às dezoito horas, esperaria Beatriz sair da loja para irem ao consultório e o médico ver os resultados dos exames. No almoço, Beatriz avisou Nestor e combinaram que ele as esperaria na praça para irem jantar e depois passear.

Doutor Haroldo olhou os exames.

— Tudo bem, Simone! — afirmou ele. — Você está somente com anemia e se normalizará com aquele remédio que receitei e mais outro com o qual vou complementar.

103

— Doutor, não estou bem! Sinto-me doente!

O médico olhou-a e pensou:

"Estas mocinhas têm enfrentado muitos problemas ultimamente. Simone não aceita as atitudes do pai. Essa garota está também depressiva."

— Vou receitar mais dois remédios. Com as aulas começando, você terá muito o que fazer. Distraia-se. Tome os remédios direitinho. Vou lhe dar mais este de amostra grátis. Deverá ficar sadia logo, mas, se por acaso não melhorar em vinte dias, volte aqui, a consulta será retorno.

"Graças a Deus", pensou Beatriz, "papai não iria querer pagar outra consulta. Com certeza reclamará de comprar mais remédios".

Saíram do consultório, foram ao encontro de Nestor. Jantaram. Simone esforçou-se para não ser uma companhia desagradável porque não se sentia bem, estava com vontade de ficar quieta. Depois do jantar, voltaram à praça. Beatriz combinou com o irmão de ele ir lá para se encontrar com elas para que apresentasse o namorado.

Júnior, ao ver Nestor, esforçou-se para ser agradável. Conversaram sobre futebol, riram e, trinta minutos depois, alegando ter de se encontrar com amigos, despediu-se.

"Nestor", pensou Junior, "parece ser boa pessoa, mas também me pareceu ser gay, homossexual não assumido. Depois, é muito mais velho que Beatriz. Será que devo me intrometer? Minha irmã é uma excelente pessoa, preocupa-se muito conosco e tenta nos ajudar. Ela até comprou roupas para mim, trabalha e estuda, ganha pouco e compra coisas para nós. Penso que eu também devo me preocupar com ela. Se me intrometer, falo o que para ela? Como ajudar minhas irmãs? Como auxiliar Bia? Mesmo se eu parar de estudar e trabalhar, terei como sustentá-las? Prefiro pensar que Bia sabe o que quer. Amanhã colocarei o despertador para me levantar mais cedo e vou conversar com ela, nesse horário estaremos sozinhos. É somente isso que posso fazer."

Eram vinte e duas horas quando Nestor deixou-as em casa, e o casal despediu-se com um beijo.

Simone, assim que chegou em casa, foi se deitar, estava muito cansada.

No outro dia, Júnior levantou-se cedo e foi para a cozinha onde a irmã fazia o café.

— Bia — disse ele —, levantei-me mais cedo para conversar com você. Não quero atrasá-la, continue fazendo o café, ajudo-a arrumando a mesa e, enquanto isso, conversamos. Responda-me com sinceridade: você está mesmo gostando de seu namorado?

— Nestor é gentil, educado e me trata muito bem.

— Não foi isso o que perguntei. Por que o está namorando?

— Ora, por que as pessoas namoram? Para casar — respondeu Beatriz.

— Você é muito jovem para pensar em casamento.

— Não gostou de Nestor?

— Gostei dele, é simpático e agradável, mas é velho para você — respondeu Júnior.

— Idade não importa! O que de fato você quer me dizer?

— Para você pensar bem no que irá fazer de sua vida. Tudo passa, e este período difícil com papai com certeza também passará.

105

— O que você achou de Nestor? Fale! — pediu Beatriz.

— Ele é rico, isto conta pontos, mas perde por ser mais velho. Você já se perguntou ou questionou por que ele é solteiro até hoje.

— Não! — respondeu Beatriz.

— Não quero preocupá-la. Nestor tem um jeitinho de gay.

— Só porque é educado e gentil? Ju, não se preocupe comigo. Sei o que faço. E trate o Nestor bem, por favor.

— Tudo bem. Não falo mais nada. Espero mesmo que você saiba o que faz. Vou voltar a dormir. Bom trabalho!

Júnior jogou um beijo para ela e voltou para seu quarto. Beatriz acabou de tomar seu café e saiu.

O moço foi almoçar com a avó e, como nos outros dias, conversaram, riram, ele a agradava. Não tocaram em assuntos familiares, ele não comentou nada sobre as irmãs nem a avó perguntou sobre elas. Com as visitas do neto, Laís não se sentia tão solitária. Ele voltou para casa à tarde e fez companhia a Simone. Tomou banho mais cedo e saiu. Foi para a casa de Murilo. Ficou na esquina parado e, quando viu o amigo sair, esperou uns minutos e tocou a campainha. Era conhecido dos pais dele. A mãe do amigo de infância abriu o portão e o recebeu contente.

— Júnior! Como está? Murilo já saiu. Combinaram de se encontrar?

— Não! — respondeu Júnior. — Posso entrar? Vim conversar com os senhores.

— Entre!

Entrou. O pai de Murilo cumprimentou-o, desligou a televisão e convidou-o a sentar.

— Não vou demorar — falou o moço. — Vim aqui para

falar algo que, infelizmente, é desagradável. É sobre Murilo.

Júnior fez uma pausa, preferiu ir direto ao assunto por vê-los preocupados. Suspirou e continuou a falar.

— Queria lhes pedir para não comentar com ninguém que fui eu quem falou. Temos um código de honra por meio do qual juramos nunca contar o que um de nós faz de errado. Estou quebrando o juramento e, se souberem que estou dedando, vou ser taxado pela turma de "traidor".

Fez nova pausa.

— Por favor, fale! O que está acontecendo com meu menino? — perguntou o pai preocupado.

— Está se drogando! — Júnior falou baixinho.

— O quê?! — exclamou a mãe, assustando-se e levantando-se da cadeira.

— Por favor, explique — rogou o pai.

— Não sei direito quando e como ele começou. Vim passar somente esta semana de férias em casa. Murilo não tem ficado mais com a nossa turma e aí soube que ele tem saído com outros amigos e se drogado. Fui conversar com ele, que me garantiu que para quando quiser. Mas não penso que seja assim, ele está viciado. Não sei como ajudá-lo. Acho que agora são os senhores que devem auxiliá-lo.

Fez-se um silêncio na sala. Júnior levantou-se e se despediu, o pai do amigo o acompanhou até o portão e o fechou assim que ele passou.

Júnior ficou chateado.

"Será que não adiantou? Será que acreditaram? Tomarão providências? Falarão que fui eu que contei? Não vou comentar com ninguém o que eu fiz. Como combinei, vou me encontrar com a turma. Penso que agi certo e espero realmente ter feito o correto."

A intrusa

Encontrou-se com os amigos, Murilo não apareceu, e ninguém perguntou dele.

No outro dia, no sábado à tarde, Pedro e Rodrigo passaram na casa de Júnior e conversaram com Simone enquanto esperavam o amigo se trocar. Depois saíram.

— Passamos aqui — contou Pedro — para lhe contar uma novidade. Ontem à noite, quando cheguei em casa, minha mãe me esperava. Preocupada, cheirou-me, observou-me e perguntou, aflita, se estava me drogando. Respondi que não. Aí ela me contou que os pais de Murilo lhe telefonaram perguntando se ela sabia se o filho deles estava se drogando. Mamãe respondeu que eu não comentei nada. Minha mãe me pressionou, ameaçou deixar-me sem mesada, de me impedir de sair de casa, de me vigiar etc. Então contei a ela o que sabia, quebrei meu juramento. Mamãe ligou para os pais de Murilo e disse tudo o que eu tinha falado. Depois, me deu um sermão de uns trinta minutos e então me deixou dormir. Ela me disse que era maldade cumprir um juramento desse modo, que eu deveria ter dito a ela etc. Estou me sentindo mal por ter contado.

— Você fez bem — opinou Júnior. — Sua mãe o pressionou. Agiu certo. Penso mesmo que devemos nos desfazer desse juramento. Isso foi feito quando éramos adolescentes. Já passamos dessa fase. Temos de agir agora como adultos. Não se sinta um traidor!

— Que alívio escutar isso de você! — exclamou Pedro.

— Só que não termina aí. Teve mais confusão — contou Rodrigo. — Vou deixá-lo a par do que aconteceu. Os pais do nosso amigo viciado o ficaram esperando. Quando a mãe de Pedro telefonou para eles confirmando a suspeita (segundo o pai, eles estavam desconfiados porque o filho estava diferente, parecia ausente, não se alimentava direito e evitava comentar sobre os estudos), eles foram ao quarto dele e deram falta de algumas peças de roupa, relógios etc. Ficaram então ontem à noite esperando-o. Ele chegou às duas horas da manhã e havia consumido tóxicos. Vendo-o alterado, deduzo que o casal ficou nervoso e, infelizmente, Murilo, sob o efeito das drogas, ficou agressivo, bateu no pai, penso que o empurrou, o que fez com que ele caísse e se machucasse. Depois da agressão, entrou no quarto e foi dormir como se nada tivesse acontecido. A mãe dele chamou o outro filho, que é casado, levaram o pai ao hospital, reuniram-se e, por telefone, encontraram uma clínica que recupera os toxicômanos; chamaram uma ambulância, enfermeiros deram uma injeção em Murilo e o levaram dormindo. O coitado deve ter acordado hoje na clínica se sentindo preso. Ficará internado, e os pais dele afirmaram que ele ficará meses lá, até se tornar sadio.

— Penso — opinou Júnior, aliviado por não ter sido citado — que foi o melhor que podia ter acontecido ao nosso amigo. Os pais dele o ajudarão; recebendo auxílio, Murilo se livrará do vício. Vamos ficar esperançosos, ele sairá dessa e voltará a ser nosso companheiro.

— O melhor é desfazer nosso juramento — falou Rodrigo.

— Coisa que nunca deveríamos ter feito — concordou Junior.

Encontraram com a turma num barzinho, e o assunto daquela noite foi somente o colega que se viciou. Todos concordaram que o juramento estava anulado e que eles deveriam, assim que souberam, ter contado para os pais de Murilo o que ele estava fazendo.

— Se tivéssemos contado no começo, talvez ele não tivesse se viciado. Agimos com crianças tolas — disse Pedro.

— Penso que não fomos caridosos com nosso amigo — opinou João Paulo. — Fizemos mal a ele. Mas, quando Murilo voltar, vamos lhe dar todo o apoio e, se percebermos que ele se drogou, iremos contar para seus pais.

— É isso aí! — todos concordaram.

Junior despediu-se do grupo. Viajaria no outro dia, retornaria à cidade em que estudava.

Levantou-se cedo no domingo para ficar com as irmãs, conversaram muito. Ele arrumou as malas: levaria três com as roupas que ganhou. Almoçou com a avó, e Laís afirmou que lhe mandaria dinheiro todo mês e lhe deu uma razoável quantia para ele alugar outro local para morar. O moço agradeceu e beijou a avó muitas vezes.

Passou em casa para pegar as malas, Nestor e as irmãs o levariam à rodoviária. Despediu-se friamente do pai. Não esperaram muito pelo ônibus e, quando este chegou, abraçou as irmãs, despediu-se de Nestor e entrou no ônibus. Elas ficaram olhando o veículo até que partisse.

Simone voltou para casa, sentia-se cansada e foi se deitar. Beatriz saiu para passear com o namorado.

As férias terminaram.

9º CAPÍTULO

Começo das aulas

Júnior chegou tarde da noite no quarto que dividia com o amigo. Encontrou Ney acordado e lhe contou as novidades.

— Consegui fazer com que minha avó, que é rica, me ajudasse. Ela me deu dinheiro para alugar uma quitinete, irei amanhã cedo ver se consigo alguma no Prédio Joia. Lá o quarto é grande, tem uma cozinha pequena e um banheiro que será somente para meu uso. Pagarei três meses adiantado e comprarei alguns móveis. Vou amanhã conversar com Marcão, ele queria sair do alojamento para ir para um lugar barato. Com certeza ele ficará no meu lugar. Trouxe para você algumas roupas que vovó me deu e também vou deixar minhas toalhas de banho, lençol e o cobertor. Almoçará comigo nos sábados e domingos, pagarei. Não vou, definitivamente, entregar mais drogas e espero que você também pare. Tenho um amigo...

Júnior contou ao colega sobre Murilo.

Foram dormir e, como planejou, no outro dia foi atrás de alugar um local melhor. Conseguiu. Comprou cama, sofá, geladeira, mesa com quatro cadeiras, arrumou seu espaço. Ficou contente. Marcão ficou com sua vaga na pensão.

"Agora vou ao orelhão da esquina ligar para vovó e contar a ela o que eu fiz."

Discou a cobrar, e Laís atendeu; ficou contente com as novidades que o neto lhe contou.

Ele prometeu a si mesmo estudar muito e agir corretamente.

Beatriz colocou o relógio para despertar mais cedo. Acordou a irmã para ir à escola. Fez o café e, enquanto Simone tomava seu desjejum, organizou para ela o material escolar, depois ajudou-a a se arrumar e a acompanhou até o portão.

— Aproveite, querida, para rever todos os seus amigos. Lembre-se de que eu vou à escola à noite. Devo chegar tarde. Nestor me buscará e me trará para casa.

— Ainda bem! — exclamou Simone — Assim não ficaremos, mamãe e eu, preocupadas com você voltando a pé e sozinha. Tchau!

Simone foi para a escola, e Beatriz entrou, tomou café e, como era dia de Rosita ir, não lavou as louças. Arrumou as camas, trocou-se e foi para o trabalho. Almoçou com Nestor, e combinaram que ele a esperaria em frente à escola.

— Não vamos poder nos encontrar à tarde — queixou-se ele.

— Faltam somente quatro meses para o ano letivo terminar e eu concluir o ensino médio.

— Aí pare de estudar, e pensaremos em casar! — afirmou Nestor.

— Sim!

"Falta pouco para sair de casa, levar Simone e ter meus filhos", pensou a garota.

Nestor buscou-a na escola e a levou para casa. Beatriz estava muito cansada, já era tarde, quase vinte e três horas. Teria de levantar cedo, por isso ficaram somente uns dez minutos juntos.

Simone levantou-se cansada, foi caminhando para a escola. No caminho encontrou duas colegas, foram conversando. Gostou de se encontrar com as amigas. Mariana convidou Simone e outras colegas para irem à sua casa à tarde. Ao voltar da escola, almoçou, Rosita fez o almoço. Ajudou-a um pouco, mas não quis se deitar: embora estivesse com vontade, queria ir à casa de Mariana para rever o Mateus. Arrumou-se e foi.

Ela e as amigas estavam sentadas nos bancos na área da frente da casa de Mariana. Mateus veio cumprimentá-las e ficaram conversando. O moço deu atenção para ela, que ficou contente.

— E seu irmão? Júnior veio? E Bia? Não a vi nas férias — quis Mateus saber.

— Júnior ficou em casa somente uma semana, a última, foi embora ontem. Bia está bem. Está namorando firme.

Somente Mariana percebeu que Mateus tinha ficado branco com a novidade. A irmã sabia que ele gostava há tempos dela, e ambos pensavam que Bia se interessava por ele.

— Quem Bia está namorando? — perguntou Mariana.

— Ele se chama Nestor e gosta muito dela. Estão namorando firme. Gosto dele, é boa pessoa — respondeu Simone.

— Eu também estou namorando — contou Mateus. — Uma moça linda! Agora tenho de ir. Tchau, garotas!

Mateus saiu. Simone ficou com vontade de chorar, esforçou-se para as lágrimas não saírem de seus olhos.

— Quem é a namorada dele? — indagou Luíza.

— Não a conheço — respondeu Mariana.

"Por que será que ele mentiu?", pensou Mariana. "Deve estar sentido por saber que Beatriz está namorando. É melhor não desmentir. Depois, ele pode estar mesmo namorando e eu não saber."

Mudaram de assunto. Simone esforçou-se para conversar e, logo depois, aproveitando que Luíza tinha de ir embora, deu uma desculpa e voltou para casa. Ao ficar sozinha na rua, enxugou algumas lágrimas. Chegou em casa, Rosita ainda estava lá, ela entrou em seu quarto, fechou a porta e chorou.

"Mateus está namorando! Ele não gosta de mim! Como estou infeliz!"

Não jantou, tomou banho, foi dormir e não viu a irmã chegar.

Como combinado, Armando foi jantar com Laís.

— Estou achando a senhora triste — comentou Armando.

— Meu neto Júnior ontem voltou para a cidade onde estuda. Ele almoçou a semana toda comigo, me fez companhia, e hoje senti sua falta, embora tenha me telefonado à tarde dando notícias. Sinto-me saudosa.

Jantaram conversando. Depois, voltando à sala de estar, Armando conduziu a conversa, sentiu que sua anfitriã precisava desabafar, falar de suas preocupações. Laís falou da filha.

— Briguei com Maria Tereza — contou ela, enxugando algumas lágrimas. — Pedi desculpas, mas ela, não falando, não respondeu. Não sei se me perdoou. Penso que minha Tetê sabia que o pedido de desculpas não era verdadeiro, que eu não havia mudado de opinião. Os fatos demonstraram que estava e estou certa. Ela não deveria ter defendido o marido.

— Será que Maria Tereza não quis defender os filhos? Quis que eles recebessem a herança? Tivessem alguns bens?

— Com Célio tomando conta?

— Conte-me o que aconteceu — pediu Armando. — Isto se a senhora quiser.

Laís contou. Começou falando dos filhos pequenos, dos dois filhos homens que foram educados para, no futuro, administrarem o curtume e que, desde mocinhos, trabalhavam com o pai. Ela e o marido tiveram algumas desavenças, mas foram felizes no casamento. Foi muito triste ficar viúva. Queixou-se de que ela e o esposo haviam sofrido com o matrimônio da filha, que Célio era tolerado e que seus filhos não gostavam dele como sócio. O curtume era cinquenta por cento dela, e os outros cinquenta por cento, dos dois filhos e de Célio. Que as discussões com a filha aconteciam porque o casal havia feito um documento em que Maria Tereza e o marido deixavam o que tinham para os filhos, mas somente após a morte dos dois. E seus dois rebentos tinham que aturar Célio na indústria.

Laís falou por uns quarenta minutos sem ser interrompida.

— Desculpe-me, Armando! Que chatice! Convido-o para jantar e fico falando, falando...

— Por favor, não se desculpe. É bom desabafar. Certamente a senhora se sentirá melhor. Porém, penso, dona

A intrusa

Laís, que a senhora está se sentindo assim, apreensiva, preocupada e triste, porque não resolveu seus problemas. Tente resolvê-los.

— Mas como? — perguntou Laís.

— Pense bem e talvez encontre solução. Vamos agora fazer uma oração, vamos pedir para Jesus orientá-la, para que resolva essas dificuldades.

Armando rogou proteção a Deus, pediu a Jesus que a orientasse para poder, com justiça e muito amor, resolver seus problemas.

Laís se sentiu melhor e agradeceu.

— Armando — disse a dona da casa —, pensei muito no que você me falou na outra noite sobre vingança e castigo. Você é contra castigo?

— O castigo educativo é válido, por exemplo: quando, para educar, deixamos um filho privado de algo que gosta. Ao fazermos isso, estamos tentando fazê-lo compreender que não se pode cometer certos atos errados. Porém, o castigo punitivo, sem caráter instrutivo, não é correto. E é perigoso que este gesto se torne um ato vingativo.

— O melhor então é deixar Deus se vingar por nós! — exclamou Laís.

— Deus não nos castiga nem nos dá prêmios. Nossos atos, bons ou não, nos pertencem — suavizando o tom de voz e falando devagar, Armando continuou a elucidar. — Nós não podemos pensar que Deus possa se sentir ofendido com nossos atos, sentir-se ofendido é atributo de um caráter mesquinho. Não devemos pensar que Deus seja vingativo, que, em vez de nos perdoar, exige satisfações; nem que Deus seja cruel e injusto. Deus é amor!

— Sei que devemos adorar a Deus! — justificou Laís.
— Sim, devemos amar a Deus e ao próximo.
— Não é difícil?
— Deus nos ama igualmente, todos nós somos alvo de seu imenso amor. E quem ama a Deus tem de amar quem Ele ama. Para termos certeza de que de fato amamos nosso Criador, basta verificar se amamos a todos. Se não conseguirmos ter o amor humano, como ter o amor divino? Jesus nos recomendou amar ao próximo como a nós mesmos, penso que Jesus quis dizer que esse amor próprio seja o amor de Deus dentro de nós.
— Vou pensar em tudo o que me falou. É coerente! Venha jantar comigo novamente.

Marcaram o jantar para a outra segunda-feira.

— Ore, dona Laís, e tente, sem mágoa e com justiça, resolver essas questões que a preocupam.

Despediram-se, e Laís demorou para dormir, ficou pensando que teria de resolver os problemas familiares que adiava e queria ser justa.

No outro dia, Beatriz fez tudo como de costume e, logo que Simone acordou, contou à irmã.

— Ontem fui à tarde à casa de Mariana. Vi o Mateus, ele está lindo como sempre, só que: está namorando!

"Mateus namorando?! Mas eu também não estou? É melhor não pensar mais nele."

— Todos os jovens namoram — falou Beatriz. — Você, quando tiver minha idade, também namorará. Vamos logo, se não você se atrasa.

Como sempre fazia, Beatriz acompanhou a irmã até o portão. Quando estava tomando o café, o pai levantou-se.

— Hoje tenho de ir mais cedo para o curtume. Posso lhe dar carona. Quer?

— Como Rosita não vem hoje, vou lavar a louça; se o senhor me esperar, aceito, sim.

Nestor viu Célio levar sua namorada à loja. Olhou-o de longe.

"Não gosto deste sujeito", pensou Nestor. "Coitadas das filhas! Beatriz e Simone não merecem um pai assim. Serei bom para elas. Será que estou querendo ser um pai para essas garotas?! Terei meus filhos. Bia me dará filhos lindos!"

Cumprimentou a namorada como de costume e entrou na loja.

Irene deixou, na manhã de terça-feira, a sua funcionária na loja e foi ao centro da cidade, para ir ao banco e pagar algumas contas.

Foi almoçar num restaurante e se assustou quando viu a filha mais velha de Célio almoçando com Nestor, e os dois pareciam estar namorando; não teve mais dúvida quando ele beijou a mão de Beatriz. Ficou indignada.

"Ele é mais velho que Célio! Beatriz é uma criança! Adolescente!"

Irene ficou discretamente observando-os enquanto almoçava. Ao ver Beatriz se levantar e ir ao banheiro, foi também e, quando a garota lavava as mãos, Irene abordou-a.

— Oi, Bia! Lembra-se de mim? Sou Irene!

— Boa tarde! — respondeu Beatriz, demonstrando não estar satisfeita com a abordagem.

— Vi você almoçando com o senhor Nestor. Estão namorando?

A mocinha não respondeu de imediato. Não queria ser rude. Pensou no que Simone responderia. Com certeza a irmã faria um pequeno escândalo. Sem olhar para a ex-amante do pai, para a mulher que fez sua mãe sofrer, embora soubesse que ninguém é amante sozinho e que o maior culpado era o seu pai, respondeu:

— Sim, estamos namorando.

Saiu do banheiro. Irene saiu atrás, viu da mesa que ocupava, Beatriz conversar com Nestor e depois saíram.

"Por incrível que pareça", pensou Irene, "gosto dos filhos de Célio. Alimentei a esperança de que um dia casaria com ele e que seus filhos seriam meus. Escutava-o falar deles, participava de seus problemas. Beatriz era muito doce, educada e atenciosa. E continua sendo: com certeza, ficou com vontade de me responder com grosseria e não o fez".

Saiu do restaurante, foi para sua loja e ficou pensando no que havia visto no restaurante.

"Será que Célio sabe desse namoro? Deve saber e concordou porque o senhor Nestor é rico. Ele não é bom partido para Beatriz. O que faço? Terei alguma coisa para fazer? Será que devo me intrometer? Posso avisar Célio? Talvez dê certo. Será que não estou inventando uma desculpa para vê-lo? Falar com ele? O fato é que, se não fizer nada, vou me sentir culpada. Sendo amante de Célio, fiz a família dele sofrer. Conto e depois esqueço. Ele que é pai que resolva. Vou telefonar para a filha de Rosita."

Irene, tempos atrás, havia feito amizade com a filha de Rosita, a diarista de Célio. Essa moça comprava em sua loja, e

Irene dava a ela descontos fabulosos para saber o que acontecia na casa do amante. Essa jovem informante conversava com a mãe e, sem que Rosita soubesse dessas fofocas, sabia de tudo o que ocorria no lar de Maria Tereza e, depois, contava a ela. Irene ligou para a moça, que ficou de passar na loja e, de fato, duas horas depois estava lá. Ganhou de presente pela informação uma saia e uma blusa. Contou:

— Dona Irene, mamãe me disse que o senhor Célio e a namorada estão brigando muito, isto quem falou foi a Simone. Júnior esteve lá na semana passada e almoçou com a avó todos os dias. Beatriz está namorando um moço e fala até em se casar e levar a irmã para morar com ela. Simone está doente, Bia a levou ao médico, fez exames, está tomando remédios, mas não está bem, mamãe está preocupada com ela.

"Então Célio e Luciene estão brigando!", pensou Irene satisfeita. "Dona Chica não falha. Logo estarão separados."

E ficou dois dias pensando no que fazer, ora que deveria falar com Célio, ora que não.

Armando, na terça-feira, foi ao centro espírita: lá colocou o nome e o endereço de Maria Tereza no caderno de vibração, de anotação, para que as pessoas recebessem auxílio depois. Chegou vinte minutos antes de a palestra começar; fazia sempre isso, para orar. Sempre que alguém pedia orações para ele, orava e, quando considerava os pedidos mais difíceis, para os mais necessitados, em que as pessoas estavam realmente sofrendo, orava para elas no centro espírita. Orou primeiro para a filhinha de uma colega de trabalho que estava doentinha, internada no hospital, e a mãezinha aflita havia lhe pedido orações. Depois, fez preces para Tetê e Laís. Orou para que elas se desculpassem e recebessem ajuda.

A palestra começou e foi, como sempre, instrutiva. Como acontecia naquela casa, as palestras eram otimistas, levando quem as assistia a se alegrar, a ter vontade de se melhorar e fazer o bem.

Armando pensou bastante como e o que podia fazer para ajudar Laís, que lhe pediu auxílio e conselhos.

Gostava muito de ir ao centro espírita e, quando a reunião terminou, ficou conversando com o grupo. Percebeu que Verônica lhe dava muita atenção. Ele deu carona para ela e mais três pessoas.

"É agradável conversar com pessoas afins. Estou gostando muitos desses novos amigos. Será que Verônica está interessada em mim ou está somente sendo gentil?"

Deixou-os em casa, foi para seu apartamento e dormiu.

Tudo transcorreu normalmente na quarta-feira. À noite, Maria Tereza estava deitada, dormia quando acordou num local diferente.

"Será que estou num hospital? Estou vendo ali muitas pessoas de roupas brancas, talvez estas outras estejam esperando por consultas."

Eram tantas coisas diferentes que ficou sem saber em que prestar atenção, sentia-se confusa. Quando alguém lhe pegou pela mão e a aproximou de umas pessoas sentadas.

— Boa noite!

Maria Tereza percebeu que um senhor a cumprimentava. Sorriu.

"Este senhor não deve saber que eu não falo", pensou ela.

O senhor estendeu as mãos em sua direção. A moça que estava perto dela olhava-a com carinho.

— Esforce-se, senhora! Conseguirá falar.

"Vou tentar", pensou Maria Tereza. "Faz tempo que não tento. Que tratamento diferente."

— Eu... estou... ten-tando!

— Conseguiu! A senhora sabe onde está?

— Estou... falando! Meu Deus! Falo!

Maria Tereza ria e chorava.

— Deus está me ajudando! Falo! Meus filhos!

O senhor falava, mas Maria Tereza não escutava, não prestava atenção, estava eufórica por estar falando de novo.

— A senhora está num local de orações! Sabe que um dia teremos de partir deste plano e...

Ela não queria escutar, resolveu concordar com o senhor. Entendeu que orações a estavam ajudando.

— Posso me levantar? Sair?

Nem prestou atenção ao que foi respondido. Levantou--se, percebeu que estava mais ágil. Como era educada, agradeceu:

— Obrigada!

— Agradeça a Deus! — respondeu o homem.

"Vou, sim, agradecer a Deus. Vou orar bastante", pensou Maria Tereza determinada.

Uma moça muito simpática pegou em seu braço e a colocou numa fila. Tetê não prestou atenção em mais nada.

"Estou falando! Sinto-me melhor!"

Sua mente estava somente voltada para esses detalhes. Foi devagar se afastando da fila até que saiu do prédio. Olhou a rua.

"Vou embora para casa. Vou e rápido!"

Pensou, com muita vontade, em estar em seu quarto e, de repente, estava em sua casa, em sua cama.

"Que sonho estranho! Parecia tão real!"

Levantou-se e foi para o corredor. Olhou o quarto das filhas, elas dormiam tranquilas. Ia voltando para seu quarto quando viu Luciene.

— Intrusa! Intrometida!

— Ora! Está falando? Intrusa é você! Não deveria estar aqui. Vá embora! — exclamou Luciene.

— Estou falando! Como no sonho. Melhorei!

— Grande coisa! — debochou Luciene. — Para quem isso importa?

Maria Tereza, alegre, não deu importância à namorada do marido e voltou para seu quarto e ficou falando baixinho para não acordar as filhas.

— Melhorei mesmo! Precisei sonhar que estava falando para falar. Foi muito estranho meu sonho. Recebi orações e falei. Porém, aquele senhor me disse coisas estranhas, sobre morte, mudança. Não devo me preocupar, não devo ter entendido direito. O senhor provavelmente deve ter dito que minha vida mudaria para melhor."

Contente, orou agradecendo a Deus e dormiu.

10º CAPÍTULO

No meio da semana

Na quinta-feira de manhãzinha, ao escutar o barulho das filhas se levantando, Maria Tereza levantou-se também e foi à cozinha.

— Filhas! Surpresa! Estou falando!

As duas continuaram caladas, não responderam.

— Não estão me ouvindo? Respondam! Eu estou falando!

Nada. As mocinhas continuaram o que estavam fazendo.

"O que será que está acontecendo? Por que elas não me respondem? Será que não se alegraram com a minha melhora? O que está havendo?"

— Filhas — Maria Tereza insistiu —, escutem: estou falando!

As garotas saíram da cozinha e foram para o quarto. Maria Tereza ficou de pé parada, não sabia o que pensar. Não entendia porque as filhas não haviam respondido, não haviam conversado com ela. E, quando elas saíram, voltou para o seu quarto.

"Elas me ignoraram, nem se importaram comigo. Saíram sem se despedir. O que está acontecendo? Será que não estou falando? Penso que falo, mas a voz não sai? Mesmo assim, não era para as duas se despedirem de mim? Costumavam me beijar ou, apressadas, dar um 'tchau'. Hoje nem me olharam. Por quê? Será que continuo a sonhar? Ou nesta fase da doença estou tendo alucinações? Estarei confundindo tudo? Porém, parece que melhoro. Por que isto está acontecendo?"

Sem entender, sentindo-se desprezada, sua alegria pela melhora passou, e ficou triste.

Quando Simone retornou da escola, foi com ela à cozinha e a olhou com amor. A filha estava abatida, desanimada. Almoçou com ela e tentou:

— Fi... es-tou falan-do!

Sentiu muita dificuldade para falar.

"Pioro de novo! Meu Deus! Por que tudo isto?"

— Mamãe! — exclamou Simone. — Queria que estivesse boa e me ajudasse. Preciso da senhora!

"Vou me esforçar para melhorar. Filhinha, não entendo o que está acontecendo. O que mudou?"

— Tudo muda! — exclamou Simone. — Credo! Não deveria mudar. Vou me deitar, depois arrumo a cozinha. Estou cansada!

"Eu também estou cansada! Muito cansada! E também confusa! Apesar de que sempre melhoro quando estou perto de você. Simone, minha querida, você me fortalece. Amo-a!"

Foram ambas se deitar.

Simone levantou-se à tarde, arrumou a casa, fez a lição da escola e, depois do banho, foi assistir televisão. Seu pai chegou e ficou na sala, somente cumprimentaram-se, ele nem perguntou como a filha estava. Célio estava inquieto, e o motivo era Nacrelo, o desencarnado que estava com ele desde de tarde. E em todas as oportunidades intuía-o:

— *Não é bom ter filhos! Cuidado com namoradas! Mulheres querem ser mães e tentam encontrar um homem para pai, para bancá-las, pagar suas despesas. Luciene quer enganá-lo. Ela procura um trouxa para ser pai de seu filho. Crianças incomodam! Infernam a vida da gente. O melhor é ficar sozinho!*

Célio tentava repelir esses pensamentos.

"Hoje estou muito chato! Que pensamentos persistentes! Não quero ficar pensando nisso! Não consigo me distrair. Vou ver se consigo assistir televisão."

Luciene estava eufórica e pensou:

"Com certeza estou grávida! Vou contar para o Célio. Porém, será que não é melhor fazer um exame primeiro?"

— *Não! Faça uma surpresa para ele! Célio ficará contente também! Vá contar a ele! Faça isto agora! Você será mãe! Mamãe!* — Mimi insistia.

A desencarnada encarregada de ficar com Luciene estava tentando fazer com que ela tivesse certeza de que estava grávida e quisesse contar logo para o namorado, e foi que a moça fez. Foi para a casa de Célio. Chegando lá, encontrou ele e a filha na sala. Cumprimentou-os contente.

— Simone — pediu Luciene —, dê-me licença! Preciso falar com seu pai em particular.

— Sim, claro — respondeu a garota, que se levantou e foi para o quarto.

Os dois desencarnados estavam eufóricos, a tarefa estava sendo fácil, Célio e Luciene afinavam com eles, não oravam, não pediam proteção a Deus, não eram gratos. Eram muito materialistas e egoístas.

— *Com certeza agora brigarão. Vamos ficar atentos e colocar lenha na fogueira* — determinou Nacrelo rindo.[9]

Simone, em seu quarto, pensou:

"Estou estranhando a atitude de Luciene. O que será que a intrusa quer dizer para papai que eu não posso escutar? Está tão contente!"

Assim que ficou a sós com o namorado, Luciene, toda dengosa, falou:

— Querido! Vamos ser pais! Estou grávida!

Célio, por alguns instantes, ficou calado, arregalou os olhos, suas mãos tremiam. Quando conseguiu falar, gritou:

— O quê?! Escutei direito?! Repita!

— Estou grávida!

— Traidora! Você me trai e ainda quer que eu seja o pai do seu filho?!

Xingou-a, gritou palavrões, insultos, acusou-a de traição.

Os dois desencarnados os incentivaram a discutir e a se ofender. Luciene se assustou: por segundos, ficou parada escutando o namorado xingá-la sem conseguir entender o que estava acontecendo.

Maria Tereza acordou assustada, foi rapidamente para o corredor e, ao ver a filha temerosa no quarto, entrou. As duas se abraçaram.

---

9. N. A. E.: Alerto que nem todas as brigas, discussões, são incentivadas por desencarnados como nesta narrativa. Na maioria dos cenários dos desentendimentos estão somente os encarnados. Discussões, brigas, acontecem por causa de nossas imperfeições, de melindres, por querermos ofender e por nos sentirmos ofendidos. Em todas as situações, o melhor seria usar o bom senso e conversar tranquilamente e com fraternidade.

"É melhor ficarmos quietas aqui. Deixemos os dois brigarem", decidiu Maria Tereza.

E ficaram caladas escutando a briga.

— Célio, por favor — conseguiu Luciene dizer.

— Você pede "por favor"? Com quem me traiu? Não sabe quem é o pai? Pois eu lhe digo: não sou eu!

— Não traí você! Não mesmo!

— Lu, não minta mais — Célio falou palavrões.

— Pare! Não entendo! — pediu Luciene chorando.

— Não entende? Pois é fácil: não sou pai desse filho que está esperando. Sou vasectomizado. É isto mesmo! Não posso ser mais pai. Entende como seu golpe não deu certo?

Luciene deu dois passos para se aproximar dele e o fez com a mão direita estendida, queria dar uma bofetada no rosto do namorado. Célio estava desequilibrado pela ira, segurou o braço dela com força e a empurrou, jogando-a na parede. Luciene caiu no chão e bateu a testa na parede. Tonteou. Assustada, continuou por um instante sentada. Célio a olhou com desprezo e falou em tom mais baixo.

— Não permito que mulher me bata! Você é uma traidora! Não me interesso em saber com quem me traiu. Fique com ele!

— Você não me contou que tinha feito vasectomia — queixou-se a moça.

— Não me perguntou. Por que teria de lhe falar?

Luciene sentiu medo do namorado, levantou-se, pegou a bolsa, saiu rapidamente e ainda escutou Célio xingá-la.

Ele continuou na sala, estava muito nervoso.

— *Vá com ela, Mimi* — ordenou Nacrelo. — *Pelo jeito, a briga foi séria mesmo. Deixe-a muito ofendida para não querê-lo mais, não desculpá-lo.*

Mimi saiu e acompanhou Luciene.

— *É isso aí, Célio!* — elogiou Nacrelo. — *Traiu e ainda queria que criasse o filho de outro! Não perdoe! Não deve vê-la mais! Se não, essa mulher é capaz de enganá-lo novamente.*

Célio estava arrasado, tentou prestar atenção na televisão, mas não conseguiu, sentia muita raiva da namorada, agora ex, e não a queria mais.

O namoro acabou.

Simone e Maria Tereza ficaram caladas escutando a discussão.

— Parece que a intrusa se deu mal — falou Simone depois que ouviu Luciene sair batendo a porta.

"Pelo visto, ela traiu Célio! Bem feito!" — exclamou Maria Tereza.

— Papai fez vasectomia. Eu não sabia. Lu aparece grávida. É isto: aqui se faz, aqui se paga. Traiu tantas vezes mamãe e foi traído.

Maria Tereza tentou falar, não conseguiu, balbuciava somente algumas sílabas, mas, como sentia que a filha caçula a entendia, pensou:

"Quando fiquei grávida de você, Célio e eu conversamos muito, e ele resolveu fazer vasectomia para não termos mais filhos. Três estava bom. Porém, penso que o que ele queria era que nem eu nem suas amantes engravidássemos mais. Foi ótimo para nós os dois terem terminado esse romance. Célio deve estar com um humor terrível. Sempre traiu, mas nunca pensou em ser traído. Tomara que ele sofra. Estou muito cansada. Vou para meu quarto. Boa noite, filha."

Beijou sua caçula e foi para seu quarto.

Simone olhou as horas e viu que em trinta minutos Beatriz voltaria para casa. Esperou-a.

"Vou ficar acordada. Assim que ouvir Bia abrir a porta, vou ao corredor e faço sinal para ela vir para o quarto sem passar pela sala. Papai continua lá. Não quero que ele a maltrate."

Foi o que fez. Com um sinal, a garota chamou a irmã, que veio rapidamente para o quarto e, quando elas entraram, Simone trancou a porta.

— Bia, papai e Lu brigaram feio e...

Contou a ela.

— Nossa! Que coisa! — exclamou Beatriz.

— Vamos ao banheiro juntas, não devemos fazer barulho para não perturbar papai, ele deve estar com péssimo humor, e sobrará para nós.

Estavam cansadas e foram dormir. Célio ficou até tarde acordado, estava muito nervoso.

Luciene saiu da casa de Célio sentindo-se muito ofendida, chorava alto. Entrou no carro, tentou se acalmar e foi para casa. Chegando lá, chamou pela mãe, que se levantou apreensiva da cama e se assustou ao ver a filha com um ferimento na testa, que sangrava.

— O que foi, Lu?! O que aconteceu?! Você saiu daqui de casa tão contente e volta nesse estado?! — perguntou a mãe, abraçando-a preocupada.

Luciene, chorando muito, contou à mãe o que havia acontecido.

— Que estúpido! Quer ir à delegacia fazer ocorrência?

— Não quero que as pessoas fiquem sabendo que eu apanhei do namorado. É muito vergonhoso. O que mais me dói é que eu com certeza não estou grávida. Porque não traí Célio. Então não vou ser mãe! Meu sonho acabou!

— Você não deve perdoá-lo! Afaste-se desse homem violento. Se ele fosse uma boa pessoa, teria lhe contado que fez vasectomia. E, se não tivesse lhe dito, explicaria com calma este equívoco diante de sua suspeita de gravidez, e não a teria agredido.

— Não o quero mais, não mesmo! Nunca ninguém antes me tratou assim. Porém, não vou desistir de ter filhos.

— Você sabe minha opinião, não queria que você tivesse se envolvido com Célio, que já tem filhos, muitos problemas e agora demonstrou ser insensível, mal-educado e agressor de mulheres. Por que não dá uma chance para o Francisco? Gosto dele, e ele, de você.

— Vou pensar nisso.

Conversaram por alguns minutos, a mãe a acalmou e, logo depois, Luciene percebeu que realmente não estava grávida.

No outro dia cedo, Luciene resolveu ir à casa de Célio, ela sabia que, nesse horário, todos teriam saído e que somente Rosita estaria lá. Pegou tudo o que queria devolver ao ex-namorado, escreveu um bilhete e foi para lá. A diarista se assustou com a presença da namorada do patrão tão cedo na casa.

— Vim aqui — explicou Luciene — trazer este pacote para o seu patrão: vou deixá-lo em cima da cama dele, pegar minhas coisas e levá-las. Não se preocupe, vou pegar somente o que é meu. Nós brigamos, separamo-nos, e eu não desejo mais vê-lo.

Abriu uma bolsa grande, foi ao banheiro e pegou cremes, maquiagem e, no quarto, algumas roupas. Rosita a ficou olhando.

— Pronto! — exclamou Luciene. — Peguei tudo. Vou embora. Até logo! Ah, aqui está a chave da casa. Abra a porta e o portão para mim, por favor.

Rosita foi atrás e fechou o portão quando ela saiu.

Luciene estava muito ofendida e sentia muita raiva do ex--namorado.

"Realmente", pensou Luciene, "não o quero mais. Acabou! Se não fosse pelo escândalo, tenho vergonha de contar que apanhei dele, o denunciaria. Vou hoje mesmo atrás de Francisco. Pelo menos deste mamãe gosta."

A diarista ficou olhando Luciene mais por curiosidade e, quando ficou novamente sozinha na casa, decidiu:

"Vou ligar para minha filha para lhe contar a novidade. Ela gosta de saber o que acontece aqui."

Ligou.

— Verdade, mãe? O casal brigou? Leia o bilhete para eu ouvir. Por favor, mamãe, pegue-o e leia.

— Está bem, menina curiosa! Está escrito: "Célio, de fato, era um alarme falso. Não estou grávida. Ainda bem. Eu que não o quero para pai de um filho meu. O coitadinho não merece. Não quero vê-lo nunca mais. Trouxe o que é seu que estava comigo e peguei minhas coisas. Seja muito infeliz. Adeus!"

— Puxa, a briga foi feia. Obrigada, mamãe! — exclamou a filha de Rosita do outro lado da linha.

A diarista voltou ao trabalho.

Nacrelo contou a Chica da briga do casal, e ela, cautelosa, orientou-os.

— Continuem atentos: o trato que fizemos com a cliente é de que eles brigariam e ficariam um mês separados. Depois, se eles voltarem, já não é problema nosso. Vocês terão o que eu lhes prometi, metade agora e a outra metade daqui a trinta dias.

Os desencarnados imprudentes ficaram contentes com o prêmio que receberiam. Nacrelo e Mimi se organizaram e planejaram visitar Célio e Luciene, motivando-os a sentir raiva um do outro e a romperem mesmo.

E os dois, sentindo-se ofendidos e com raiva, tornaram muito fácil o trabalho dos desencarnados encarregados de separá-los.

A filha de Rosita, assim que desligou o telefone, ligou para Irene.

— Dona Irene, tenho uma notícia, penso que vale aquele vestido preto.

— Se for realmente boa, ele é seu — afirmou Irene.

— Mamãe me contou que o senhor Célio e a namorada terminaram, e a briga foi séria porque ela foi lá hoje cedo e...

Contou até do bilhete. Irene se alegrou.

— Pode vir buscar o vestido a hora que quiser e vou lhe dar também aquela blusa que gostou.

Despediram-se.

— "Dona Chica", pensou Irene, "cobra caro, mas resolve. Vou telefonar para ela".

E o fez. Chica atendeu-a bem, como fazia com todos os clientes e falou que já sabia.

— Irene — disse Chica —, você sabe como funciona: nosso trabalho os fez brigar, e a garantia é de que os dois fiquem um mês separados. Depois disso, se voltarem e você quiser separá-los novamente, é outro trabalho.

— Tudo bem, dona Chica, espero que eles não voltem, mas, se reatarem, pensarei. Obrigada.

Desligou o telefone.

"Como dona Chica explora!", pensou Irene. "Espero que Célio e Luciene se separem mesmo e não voltem mais a namorar. Ele agora está livre. Talvez seja o momento de contar ao meu ex-amante sobre Beatriz. É isso! Vou lá no curtume, mando chamá-lo e conto para ele. Vou me arrumar."

Deu algumas ordens para sua funcionária e foi ao curtume. Na portaria, pediu para chamar Célio, deu o nome de Rosita e o esperou no estacionamento.

Célio se preocupou ao receber o recado e ficou curioso.

"O que será que minha diarista quer? Pago-a por mês e ainda falta uma semana e meia para o dia do pagamento. Deve ser isto, precisa de dinheiro e veio me pedir um adiantamento. Será que devo atendê-la? Mas e se for outra coisa? Algo sobre meus filhos? Será que algum deles aprontou? Fez algo de errado e Rosita veio me contar? Vou lá ao estacionamento ver o que ela quer."

O estacionamento do curtume era no meio de várias árvores para dar sombra aos carros. Célio olhou, viu uma mulher do lado esquerdo e rumou para lá. Ao se aproximar, viu o carro de Irene e sentiu raiva por ser enganado e por ela o procurar no trabalho.

— Oi — cumprimentou Irene.

— Olá — respondeu Célio sério. — O que quer? É você a Rosita?

— Se desse meu nome, você não me atenderia e preciso falar com você.

— Pois então fale logo. Não tenho tempo, estou trabalhando.

— Antes você se encontrava comigo no horário de trabalho. Não vim aqui para discutir. Preciso lhe falar.

— Você já disse isso! Fale! — exclamou Célio.

— Vi Bia com o senhor Nestor outro dia almoçando num restaurante e soube que os dois estão namorando.

Irene fez uma pausa. Célio permaneceu calado, olhando-a com desprezo. A moça sentiu o desprezo dele, aborreceu-se, mas continuou a falar:

— Célio, preocupo-me com sua filha. O senhor Nestor é velho demais para ela. Depois, ele nunca levou nenhuma mulher a sério, namora por uns meses e as abandona. Ele tem um jeito muito suspeito. Nunca ouvi falar que ele tenha tido envolvimento com outros homens; se tivesse, penso que eu saberia porque costumo saber de tudo. Já me interessei por ele, isto foi anos atrás. Tenho motivos para pensar que algo anormal acontece com o senhor Nestor. Não sei se você sabe que Bia o está namorando e...

— Basta! — interrompeu Célio. — Já escutei demais! Você não tem nada com o que acontece comigo e com a minha família! Meus filhos são problema meu e não seu!

Xingou-a. Irene, indignada, reagiu xingando-o também, trocaram ofensas. Ela, irada, deu com a bolsa no rosto dele, e o metal machucou-o perto do olho e da boca. Célio revidou dando um forte empurrão em Irene, o que a levou a bater as costas e a cabeça no seu carro e cair no chão, onde ficou encostada na roda dianteira do veículo.

— Saia daqui! — gritou Célio. — Se em três minutos não estiver fora do estacionamento, mandarei os seguranças colocarem-na para fora.

Virou as costas, entrou no prédio, foi ao banheiro, lavou o rosto e fez dois curativos para estancar o sangue. Estava irado.

"Por que será que atraio mulheres que não prestam? Vou prestar mais atenção na próxima vez. Se não fosse complicar minha vida, surraria Irene até deixá-la machucada."

Ainda muito nervoso, voltou ao trabalho, procurou se distrair e nem por um segundo pensou no que a ex-amante havia lhe falado sobre o namorado da filha.

Irene levantou-se, estava muito nervosa e ofendida. Entrou no carro, saiu logo do estacionamento e foi para casa. Sua blusa estava rasgada, tirou-a e se olhou no espelho: suas costas estavam vermelhas, tinha arranhões no braço direito e um galo na cabeça.

"Célio merece outra lição! Fui falar com ele preocupada com o bem-estar de sua filha e me trata assim. Mas, desta vez, não gastarei dinheiro com ele, não será dona Chica que lhe dará um corretivo, serei eu! Sei muitas coisas sobre ele e vou usar o que eu sei. Ele me paga!"

Passou remédio nos arranhões, tomou um comprimido para dor e telefonou para o curtume.

— Por favor — pediu Irene para a telefonista —, gostaria de falar com o senhor Jorge. É do banco.

Jorge era um dos cunhados de Célio com quem tinha mais atrito. Não esperou muito e, Jorge atendeu.

— Sim! Pois não!

— Senhor Jorge, não desligue, por favor, não é do banco. Quem está falando é Irene, a ex-amante do seu cunhado Célio. Preciso falar com o senhor, é urgente.

Jorge escutou e pensou:

"O que será que essa mulher quer comigo? Talvez seja algo contra Célio. É melhor atendê-la."

— Não vou desligar — respondeu Jorge educadamente.

— Vou atendê-la. Pode falar.

— Podemos nos encontrar agora? — perguntou Irene.

— Com certeza. Que tal nos encontrarmos no Café do Alemão? Sabe onde é? Fica perto do curtume.

— Pode ser daqui a trinta minutos?

— Estarei lá — afirmou Jorge. — Até logo!

Jorge ficou pensativo, informou que ia sair, foi para o bar e esperou pela ex-amante do cunhado.

Irene, depois que telefonou, trocou de roupa, vestiu uma blusa de mangas longas para esconder os arranhões e, decidida e com muita raiva do ex-amante, foi para o bar.

"Célio merece outra lição!", pensou Irene. "Poderia ter sido educado. Mesmo se não quisesse interferência, poderia dizer somente que eu não tinha nada com isso e se despedido. Não precisava ofender-me daquela maneira nem ter me empurrado. Vou contar tudo o que sei para o senhor Jorge. Com certeza, a vida dele ficará pior."

Chegou pontualmente no bar e viu Jorge esperando-a. Ele levantou-se para cumprimentá-la.

— Sente-se, por favor. Posso pedir um café para você? Cappuccino?

Fez o pedido, e Irene foi direto ao assunto.

— Obrigada por ter vindo conversar comigo. Vou direto ao assunto: tenho de trabalhar e o senhor também. Deve saber que Célio e eu fomos amantes por muitos anos. Sei de muitas coisas dele. E, por ter sido ofendida, resolvi falar o que ele fez.

"Ela deve mesmo", pensou Jorge, "saber que Célio faz algo de errado e, pelo que senti, deve ser no curtume. Vou ser gentil com ela."

— Sinto muito por você ter sido ofendida. Mas, tratando-se do Célio, não me surpreendo. Sinta-se à vontade. Escutarei com prazer. Por favor, fale. Conte-me o que a chateia.

Irene se sentiu à vontade e, tomando seu cappuccino, contou:

— Sei que Célio não é bom pai. Sabe que Simone está doente?

— Não, não sabia — respondeu Jorge.

— Pois está. Não sei o que a garota tem, a irmã que cuida dela. Foi sobre Bia que fui falar com Célio. A mocinha está namorando um velho que tem fama de namorar e não casar e também tem um jeito um tanto efeminado. Resolvi contar para Célio, mas, pelo jeito, ele já sabia e não se importou com os meus comentários, isto porque o namorado de Beatriz é rico. Aí ele me ofendeu. Mas vamos ao que interessa. Célio rouba o curtume.

— Como? — perguntou Jorge.

— Ele atende alguns clientes, não atende?

— Sim — respondeu Jorge.

— Tem dois clientes, isto que eu sei, que compram pouco com nota fiscal, porém compram outro tanto sem nota e abaixo do preço, e o dinheiro fica para ele.

— Nossa! — exclamou Jorge.

— Sei até os nomes desses clientes, são... — Irene falou os nomes.

Jorge não gostava de Célio, achava-o arrogante, mas não desonesto a ponto de roubar. Disfarçou seu espanto, sorriu e agradeceu.

— Muito obrigado. Sua informação é preciosa.

— Tomará providências, não é? — Irene quis saber.

— Sim, claro! Pode ter certeza de que ele não roubará mais.

— Já é alguma coisa! — Irene suspirou. — Ficará com menos dinheiro. Doerá em seu bolso. Queria mesmo que todos soubessem e que ele fosse preso.

— Prometo a você que a vida dele no curtume não será fácil! — falou Jorge.

— Já é alguma coisa.

— Vou pagar a conta. Deseja mais alguma coisa? Quer um lanche?

Irene resolveu comer um bolo, fez o pedido. Jorge se despediu, pagou a conta e foi embora.

Chegou ao curtume, reuniu-se com seu irmão Otávio, contou-lhe tudo o que escutou de Irene e, juntos, planejaram algumas providências.

— Meu filho — disse Jorge — ficará no setor de entrega de mercadoria com Célio. Direi ao nosso cunhado que Jorginho está aprendendo, porém ele ficará atento ao que nosso sócio está fazendo. Vamos já colocar um empregado para fiscalizar tudo o que sai da produção para o setor de venda. Teremos um empregado a mais, porém já deveríamos ter feito isso. Quando esses dois clientes vierem aqui, devo ser informado, irei cumprimentá-los e acompanharei a venda.

— Teremos de contar à mamãe! — exclamou Otávio.

— Sim — concordou Jorge —, e a forçaremos tomar uma atitude. Não podemos ficar com um sócio ladrão. Vou telefonar para mamãe e marcar com ela um encontro. Iremos no domingo à tarde, somente nós dois, falar com ela.

— Seria interessante — opinou Otávio — armarmos um

flagrante, mas não podemos fazer isto. Não será nada bom para nossos negócios ter um escândalo no curtume. Depois, não temos provas, e estes clientes, que são também desonestos, comprando muito mais barato, com certeza negarão, pois estão levando vantagem. Vamos impedi-lo de continuar agindo errado. Célio não presta mesmo!

— Espero que essas providências dificultem Célio de continuar roubando o curtume.

Colocaram em ação o que decidiram naquela tarde.

Irene pensou que Jorge fosse mandar prender Célio, mas ficou contente por ele ter acreditado nela e também por ele ter prometido dificultar a vida do ex-amante no curtume.

"Com certeza, ele não conseguirá vender e ficar com o dinheiro. Conhecendo Célio, a dor pior para ele é essa. Terá menos dinheiro."

Satisfeita, foi para sua loja e lá ficou sabendo que sua informante já tinha ido buscar as roupas.

"Célio só me dá prejuízo! Prometo a mim mesma que acabou! Juro! Nem dona Chica nem a informante! Não vou gastar nem mais um centavo com ele. Não quero nem saber dele!"

Decidida, resolveu cumprir seu juramento.

11º CAPÍTULO

Final de semana

Irene recebeu um telefonema do amante. Pediu para sua funcionária ir para os fundos da loja para falar ao telefone. Logo percebeu que ele estava diferente.

— Irene — disse o amante —, estou terminando com você. Não vamos nos encontrar mais.

— Por quê? O que eu fiz que o desagradou?

— Se quer saber mesmo, vou lhe dizer. Contaram-me que você frequenta a casa de uma mulher macumbeira. Tenho medo dessas coisas. Fiquei pensando que você pode mandar fazer algo de mau a mim ou à minha família.

— Isso é mentira! — exclamou Irene.

— Quem me contou não mente. Viu você ir lá.

— Fui somente ler a sorte.

— Irene, foi bom enquanto durou, mas acabou. Por favor, não insista. Não me ligue mais, não venha atrás de mim, se não...

— Está me ameaçando? — Perguntou Irene indignada.

— Não, claro que não. Porém, estou sendo taxativo. Acabou! Não será bom você insistir — ele falou com tom ameaçador.

— Não farei isso!
— Ótimo! Tchau!

Irene desligou, chamou a funcionária, foi ao banheiro, chorou e lastimou:

— Sou tratada como um papel velho que, usado, não serve para mais nada! Mandei fazer um trabalho para separar Célio e Luciene e parece que recebi o troco, meu amante separou-se de mim. Já tive dificuldades para arrumar este. Estava até entusiasmada com o relacionamento. Sem o dinheiro que ele me dava, vou ter de ser econômica e me dedicar mais à loja.

Chorou bastante. Sentia-se infeliz. Naquele momento, decidiu não fazer mais nada de ruim para ninguém, porque sentia que estava recebendo de volta o que fazia.

"Quero", pensou Irene decidida, "arrumar outro amante, mas prometo pra mim mesma não ir mais à casa de dona Chica".

Beatriz estava vendo a irmã piorar e não sabia o que fazer. Conhecendo o pai, entendia que naquele momento não poderia contar com sua ajuda. Seu genitor estava passando por muitos problemas, não falava com ninguém em casa.

"Ontem, sexta-feira, papai deve ter ido a um bar, pois o escutei chegar tarde da noite e, pelo barulho, estava bêbado."

Deixou, naquela manhã de sábado, a irmã dormindo e foi trabalhar. Disfarçou sua preocupação ao ver o namorado, sorriu toda dengosa para ele e entrou na loja.

Seu namoro estava indo muito bem. Embora não pudessem se encontrar como antes, aproveitavam os momentos que estavam juntos e era muito agradável conversar com ele. Nestor buscava-a na escola, às vezes comiam lanche ou iam direto para casa, despediam-se com um beijo. Não queria falar de suas preocupações com o namorado, este assunto devia ser chato e não queria desagradá-lo em nada. Nestor não tinha nada a ver com isso.

"Nestor não é o namorado que pensava ter ou com quem sonhava. Mas gosto dele", pensou a garota.

Entrou na loja e foi com as colegas organizar o local. Sábado sempre tinha muito movimento. A proprietária foi ajudar e se aproximou dela.

— Bia, você está preocupada? O namoro está dando certo?

— Nestor e eu estamos nos dando muito bem, estamos namorando sério, gosto dele. Estou preocupada com minha irmã.

— Ela não melhorou? Você levou-a ao médico, foi com ela fazer exames... O que ela tem que a preocupa tanto?

— Os exames deram que Simone tem somente uma anemia, está tomando remédios, mas não melhorou.

— É muito pouco tempo para os remédios fazerem efeito. O médico não pediu para retornar?

— Doutor Haroldo disse que, se ela não melhorar em vinte dias, para levá-la de novo ao consultório.

— Faça isso, então. Se Simone não melhorar em vinte dias, vá com ela novamente ao médico. Não se preocupe, ninguém sara da noite para o dia. Espere a medicação fazer efeito.

Beatriz agradeceu. Gostou dos conselhos. De fato, não havia dado tempo para os remédios agirem no organismo de sua irmãzinha.

"Como é bom conversar com uma pessoa coerente, com mais experiência!", pensou a garota. "Vou ter paciência, ser agradável com Simone e dar tempo para a medicação agir.

Gostaria de falar isto tudo que está acontecendo com vovó. Mas vó Laís não nos quer, talvez nem queira saber que Simone está adoentada. É melhor aguardar a raiva de papai passar e aí, sem Luciene dando palpites, quem sabe ele preste mais atenção em nós, na minha irmã...".

O sábado foi movimentado, almoçou com Nestor, e combinaram de sair à noite para ir ao cinema e levar Simone.

Simone não queria ir, Beatriz insistiu até que a garota concordou. Beatriz maquiou a irmã para disfarçar sua palidez. No cinema, Simone encontrou as amigas; na saída, reencontraram-se e foram jantar.

Nestor, como sempre, foi gentil, e o passeio transcorreu muito agradável.

"Bia", pensou Nestor, "será uma boa esposa: é bonita, saudável e será uma boa mãe. Gosto dela e também de Simone. Elas serão felizes no meu lar".

Já era tarde quando as deixou em casa.

Maria Tereza estava se sentindo pior, não de saúde, estava até andando mais rápido, mexia um pouco mais o braço direito e falava separando as sílabas e com muita dificuldade, mas falava. Porém, estava se sentindo confusa e não conseguia entender direito o que estava se passando em sua casa.

"Foi bom", pensou Maria Tereza, "Célio e a intrusa terminarem esse envolvimento. Porém, ele está nervoso, inquieto, pior que antes. As meninas parecem não me ver, ignoram-me. Isto é que me preocupa. Por que isto? Será consequência de minha doença? Será que estou sonhando? Penso que estou acordada. Será que não estou? Por que elas não falam comigo? Somente

Simone parece me entender. Ela está adoentada e não consigo ajudá-la. Que situação complicada! Ainda bem que as meninas saíram, elas precisam se distrair. Vou dormir. Meu sono também não é como antes, dormia mais. Ai, meu Deus, que vida!"

Acomodou-se no seu leito e dormiu.

Luciene telefonou para Francisco, foi simpática, contou que terminou o namoro e mentiu:

— Percebi que não gostava dele, e não adiantou ele insistir, terminei o namoro.

Combinaram de sair e, no sábado à noite, ela foi com Francisco num local onde sabia que amigos de Célio a veriam e contariam a ele. Tentou ser agradável e se distrair, conversaram animados. Francisco contou que morava com os pais, não tinha namorada e que gostava dela há algum tempo.

Luciene prestava atenção e o observou. Ele devia ser mais novo que ela, não era bonito, tinha a voz clara e falava muito bem, era locutor, não ganhava muito.

"Talvez ele seja um bom pai!", pensou Luciene. "Ainda estou sentida com Célio. Devia ter esperado mais para me envolver com outro. Estarei sendo apressada? Mamãe acha que não, ela deve saber mais do que eu sobre o que fazer e me aconselhou a sair com Francisco. Depois, quero ser mãe e tem de ser logo. Vou conquistá-lo."

No final do encontro, estavam namorando.

Júnior estava muito contente, agora morava num bom local, tinha dinheiro para sair e comer melhor. No sábado convidou Ney para almoçar.

— Amigo, como prometi, pagarei o almoço para você no sábado e no domingo. Vou ficar somente com três aulas, as outras passarei a você e farei os planejamentos delas. Aprendo muito quando as preparo.

— Não sei como agradecê-lo. Obrigado! — Ney agradeceu.

— Mamãe falava que recebemos o que fazemos. No meu caso, recebi e tenho de fazer algo em troca. Depois, não quero mais entregar drogas e gostaria que você não o fizesse mais. Ajudando-o, sei que entregará menos.

Júnior decidiu mesmo ajudar o amigo.

Telefonava quase todos os dias para sua avó, ligava a cobrar. À tarde, comprou fichas telefônicas e ligou para Pedro, queria saber notícias de Murilo.

— Murilo — contou Pedro — na terça-feira foi transferido de clínica, seus pais arrumaram outra melhor. Dizem que esta é cara. Lá, afirmaram que ele fará um bom tratamento, terá muitas atividades, como esportes, e terá de trabalhar. Estamos todos esperançosos de que nosso amigo sairá dessa.

Júnior se despediu sentindo-se aliviado. Com certeza, Murilo sararia. No domingo pela manhã, calculando que as irmãs estariam em casa, ligou e foi Simone quem atendeu.

— Ju, como está?

— Estou bem, muito bem. E vocês?

A garota contou que o pai e Luciene haviam terminado.

— Isso é ótimo! — exclamou Júnior. — Embora ache que papai logo arrumará outra.

Quis saber delas. Simone falou que estavam saindo, deu notícias de amigos e não contou que estava adoentada.

Despediram-se, os irmãos ficaram contentes por ter conversado.

146

Célio levantou-se, tomou o café e comunicou às filhas:

— Vou fazer compras para a casa e trazer o almoço pronto. Não precisam fazer nada.

E foi numa dessas compras que ficou sabendo que haviam visto Luciene com um moço e que pareciam estar namorando. Ele disfarçou, mas ficou com mais raiva dela.

"Deve ser o cara", pensou Célio, "com quem estava me traindo. Escreveu no bilhete que não estava grávida. Com certeza escreveu aquilo somente para parecer honesta. Deve estar grávida e arrumou outro para pai ou de fato o genitor é ele. Não devo pensar mais nela".

Comprou comida melhor do que de costume e almoçaram calados. À tarde saíram: Célio foi para o bar, Beatriz foi se encontrar com Nestor, e Simone saiu com as amigas.

☸

Como haviam marcado, à tarde, no domingo, Jorge e Otávio foram à casa da mãe. Laís os esperava apreensiva, os filhos não costumavam visitá-la muito e, quando faziam, vinham separados e normalmente com alguém da família, esposa ou filhos. Os dois juntos, com certeza, era para resolver algum problema, e deveria ser algo sério.

Fez o café, arrumou a mesa com bolos e bolachas e os esperou.

Os filhos chegaram, cumprimentaram-na carinhosamente e tomaram café trocando notícias.

— Mamãe, disse Jorge — viemos aqui para lhe contar algo desagradável. Irene, a mulher que foi amante de Célio por anos, me telefonou e fui me encontrar com ela.

— Jorge! — repreendeu Laís. — Não deveria ter ido. Tetê sofreu muito por causa dela.

— Minha irmã sofreu por causa do marido — Jorge se defendeu. — Fui ao encontro porque senti que ela tinha algo para me dizer. A senhora sabia que Simone está doente?

— Doente? Não sabia. O que ela tem?

— Não sei — respondeu Jorge. — Pensei que a senhora soubesse. Pelo jeito, Irene está bem informada. Contou-me também que Bia está namorando. Jorginho me confirmou, meu filho me disse que viu a prima no cinema com um senhor. A ex-amante de Célio afirmou que foi alertá-lo sobre isto, do namoro de Bia, e eles brigaram. A briga foi agressiva porque Célio estava com dois curativos no rosto, e o segurança me contou que o viu empurrá-la contra o carro. O fato é que Irene, ofendida, se vingou dele.

— Mamãe — interrompeu Otávio —, Célio nos rouba. Já tomamos algumas providências para que isto não ocorra mais. Pelo jeito, há tempos ele pega indevidamente dinheiro do curtume.

Contou à mãe. Laís se entristeceu. De fato, como previra, era um problema bem complicado.

— Ontem — falou Jorge —, sábado pela manhã, um dos clientes citados foi ao curtume. São poucos os clientes que vêm pessoalmente buscar mercadorias, a maioria compra e nós entregamos. Fui informado e me dirigi à seção de entrega. Fingi querer saber como o cliente estava passando, como estava a sua sapataria e fiquei conversando. Percebi que Célio e ele não gostaram, mas meu cunhado não teve como se livrar de mim. O cliente comprou pouco.

— Como estamos atualmente — opinou Otávio —, com

a senhora sendo a sócia da maioria das ações, ainda podemos conter Célio. Mas e no futuro? Serão três sócios com a mesma quantidade de ações. Seus herdeiros serão os netos, mas, com o documento que Maria Tereza e ele fizeram, serão de Célio. Mamãe, por favor, não podemos ficar com Célio no curtume. Já pensei até em vender minha parte e começar um negócio somente meu.

— Não, filho, não faça isso — pediu Laís. — Seu pai queria que vocês administrassem o curtume.

— Queria nós dois! — exclamou Jorge.

— O que querem que eu faça? – perguntou Laís.

— Já falamos sobre isso — respondeu Otávio. — Passe para nós dois suas ações do curtume.

Calaram-se por um momento, ficaram os três pensativos.

"Talvez", pensou Jorge, "devamos chantagear mamãe. Quem sabe se ameaçarmos vender nossas partes no curtume ela tome uma atitude?".

Otávio pensou: "Mamãe está muito indecisa. Devemos forçá-la. Não é certo Célio receber a herança como nós dois! Ainda mais agora que descobrimos que nos rouba. Não conseguimos provar, porém tenho a certeza de que isso ocorreu".

"Meu Deus!", clamou Laís. "O que faço? O pedido dos meus filhos é justificável. Ninguém gosta de Célio. Mas será justo com Maria Tereza? Vou pedir para eles um tempo para pensar."

— Vou pensar — falou Laís.

— É sempre assim — queixou-se Otávio —, falamos disso com a senhora e nos responde que pensará. Mas, pelo jeito, não pensa.

— Mamãe, agora é diferente. Não entende? — Perguntou Jorge. — Célio nos rouba e, pelo jeito, há muito tempo.

Tudo bem, pense. Mas resolva logo. Porque, infelizmente, se a senhora não tomar uma atitude, seremos nós dois a sair do curtume. Venderemos nossas ações para um terceiro, já que a senhora não tem condições de comprá-las nem Célio.

Despediram-se friamente. Laís ficou arrasada.

"Jorge e Otávio querem minha parte no curtume. Seria o melhor, mas e Maria Tereza? Como resolver este problema? Será que Simone está mesmo doente? Por que Beatriz está namorando um homem mais velho que ela? Estará apaixonada?"

Telefonou para a casa da filha e foi Simone quem atendeu. A garota tratou a avó com educação, mas foi seca com ela.

— Como está passando Simone? — perguntou Laís.

— Muito bem, obrigada. Estamos todos bem. E a senhora, como está?

— Eu tenho tido dores, estou preocupada e...

— Vovó — interrompeu a garota —, vamos sair, minhas amigas me chamam no portão. Tchau!

Desligou.

"Não quero escutar lástimas", pensou Simone. "Não se importou conosco, então não devemos nos importar com ela. Não vou contar para Bia que vovó ligou, ela é boa demais e quererá saber o que vó Laís tem e escutar suas lamentações. Vou sair".

"Simone", pensou Laís, "não me deu atenção. Estará mesmo adoentada?".

Muito aborrecida, preocupada, ficou inquieta, andando pela casa. Não sabia o que fazer.

Simone saiu mesmo com as amigas. Beatriz deu dinheiro para ela. Mesmo com as colegas, Simone se sentia cansada, desanimada, estava calada e logo as garotas perceberam.

— Si, você está doente? — quis Mariana saber.

— Você tem estado calada, parece aborrecida — observou Érica.

— Não quer nos contar o que está acontecendo com você? — perguntou Luiza.

Por alguns instantes, Simone sentiu vontade de dizer às amigas o que estava acontecendo. Mas não o fez, sentia vergonha de falar, ela mesmo não conseguia entender o que sentia.

— Não tenho nada — respondeu —, hoje estou com dor de cabeça.

"Devem ser os muitos problemas que ela tem em casa", pensou Mariana.

— Vocês viram o vestido da Helô? — Mariana preferiu mudar de assunto para não constranger a amiga.

Simone não acompanhou as amigas ao parque, deu uma desculpa, foi para casa e ficou vendo televisão deitada no sofá; sentia-se cansada e muito triste.

Armando foi ao trabalho voluntário, que, como sempre, foi muito proveitoso. Fazendo a tarefa junto à Verônica, ficaram conversando.

— Vamos comer uma pizza mais tarde? — Armando convidou Verônica.

— Aceito.

Combinaram. Às dezenove horas ele passou na casa dela e foram a uma pizzaria. Conversaram, falaram de suas vidas.

A intrusa

— Se não fosse pela Doutrina Espírita — contou Armando —, meu sofrimento com certeza seria muito maior. Minha esposa e eu cuidamos muito de nossa filha. E foi na doença dela que procuramos o espiritismo e nos tornamos espíritas. Quando minha filhinha desencarnou, eu fiquei arrasado, muito triste, e minha esposa me consolou: "Armando", disse ela, "o que você quer para nossa filha?". "Que ela esteja feliz!", respondi. "Será que nossa menina ficará bem sabendo que está assim? Sofrendo desse jeito?" "Não, penso que não", respondi. "Então", disse minha esposa, "meu querido, fique como ela gostaria". Esforcei-me para ficar melhor. Fiquei bem por amor a ela. E, quando minha mulher desencarnou, após ter ficado meses doente, eu me esforcei novamente, porque sabia que minha companheira de anos de casamento, com certeza, desejaria me ver alegre. Quem ama deseja que o outro sempre esteja bem.

Os dois se entenderam. Aquele que passa por uma dor parecida compreende o outro.

— E você? — perguntou Armando. — É espírita há muito tempo?

— A dor me levou a procurar o espiritismo — contou Verônica. — Namorei Ronaldo muito tempo. Tínhamos alguns desentendimentos, mas gostávamos muito um do outro. Planejamos nos casar assim que tivéssemos condições financeiras. E, quando concluímos que poderíamos ter nossa casa, resolvemos noivar e marcar o casamento. Para colocarmos a aliança, mamãe fez um almoço num domingo em que nossas famílias se reuniriam. Meu namorado morava com os pais num condomínio afastado da cidade. Seus pais vieram de carro e saíram na frente, ele viria de moto, que era sua paixão, gostava muito deste veículo, que agora considero perigoso e com o qual tantos acidentes têm acontecido. Meus sogros chegaram à minha casa e esperamos por Ronaldo. Como demorou, preocupamo-nos. O telefonou tocou, era alguém avisando que Ronaldo havia se acidentado e sido levado para o hospital. Fomos para lá. Ele já estava morto. Desencarnou na colisão. Sofri muito. Foi uma das minhas tias que me levou ao centro espírita, não queria ir, ela me forçou, e lá, assistindo às palestras, lendo livros, comecei a compreender que todos nós desencarnaremos e que alguns vão primeiro que outros e que essa mudança de plano não é castigo, mas, sim, algo natural. Voltei a estudar, fiz um curso universitário, tenho um bom emprego e não namorei mais ninguém firme. Sou grata a Deus por ter conhecido o espiritismo.

Foi uma noite agradável. Simpatizaram muito um com o outro e se comprometeram a sair mais vezes.

Pela primeira vez, Armando se interessou, depois de sua viuvez, por alguém, e com Verônica aconteceu o mesmo.

12º CAPÍTULO

Nos dias seguintes

Laís não dormiu bem à noite. Sentiu vontade de telefonar para Beatriz, mas, se o fizesse, teria de ligar para a loja onde ela trabalhava e não queria incomodar.

"Simone tem razão em não querer falar comigo. E se ela me disser que está doente, o que eu faço? O que poderei fazer?"

Passou o dia inquieta e aguardou com ansiedade a noite para se encontrar com Armando.

"Ele é, para mim, quase desconhecido, mas gosto e confio nele. É neutro e talvez possa me aconselhar. Vou contar a ele o que me preocupa."

Armando foi pontual e entregou à sua anfitriã um pacote.

— Trouxe para a senhora!

Laís abriu, era um livro.

— *O Evangelho segundo o espiritismo*, de Allan Kardec! É um livro espírita?

— Sim — respondeu Armando —, é uma obra-prima, uma luz no nosso caminho. A senhora gostará.

— Obrigada, vou lê-lo.

Colocou-o em cima de um móvel e o convidou para jantar. Armando, assim que chegou, percebeu que Laís estava muito nervosa. Temendo ser indiscreto, aguardou que a dona da casa falasse. O jantar estava como das outras vezes, delicioso. O convidado elogiou:

— A senhora cozinha muito bem. Este arroz está muito saboroso.

Laís sorriu e indagou:

— Posso lhe perguntar uma coisa? — Não esperou pela resposta, continuou. — Penso que você, sendo espírita, pode me explicar algo que não entendo. Porém, se não tiver nada a ver com o espiritismo, pode me dizer que compreenderei.

— Se puder e souber, terei prazer em explicar — falou Armando.

— Minha funcionária, a mulher que me ajuda nos serviços da casa, me contou que foi num local onde se pode conversar com espíritos, com as almas dos mortos, e que meu marido havia me mandado um recado. Entendi o que ele quis me dizer, porém fiquei em dúvida e depois não acreditei, porque ele não se expressava da maneira como foi dado o recado. Meu esposo falava corretamente e muito bem.

— Dona Laís — Armando tentou elucidá-la —, a senhora já pediu para alguém dar um recado a outra pessoa e esta não repetiu exatamente o que foi dito? Talvez tenha repetido o conteúdo, a essência, mas não foi fiel nas palavras. Lembra-se de algum?

Laís pensou, sorriu e falou:

— Na semana passada, pedi para minha funcionária dizer ao jardineiro que podasse menos as hortênsias porque queria as plantas mais robustas. E, por acaso, tendo ido pe-

A intrusa

gar algo perto da janela, escutei-a falar ao jardineiro: "Senhor João, dona Laís pediu para cortar menos essas flores porque ela quer as hortênsias mais fortes e rosadas". "Rosadas? Hortênsias não ficam rosadas!", exclamou o senhor João. "Bem, se não for rosadas é algo parecido", disse minha funcionária. "Não teria sido mais cheias?", o jardineiro queria entender o recado. "Talvez seja", respondeu minha auxiliar.

— A senhora compreendeu, recados são recados — Armando sorriu. — Repetem o que se entende. Talvez sua funcionária não soubesse o significado de "robusta", palavra que não costuma usar; achando que poderia ser "rosada", a substituiu. Normalmente, a pessoa que repete o recado o faz com palavras que costuma usar, de que tem conhecimento. O que importa é o que ele quis dizer. No caso sua ajudante, repetiu que era para podar menos a planta. O intercâmbio entre os dois planos, o espiritual e o físico, é ainda mais difícil. O médium, o medianeiro, tenta pegar o conteúdo principal, mas ele usa de seus conhecimentos para repetir.[10] Substitui palavras que ele não conhece pelas que costuma usar e às vezes pode florear o que foi dito. O importante é transmitir a essência.

— Entendi — Laís foi lacônica.

Terminaram o jantar, foram para a sala.

— Preciso — disse Laís — conversar com você, quero sua opinião e conselho. Pode me ouvir?

— Sim, dona Laís. Percebi que está muito preocupada.

— Estou agoniada.

---

10. N. A. E.: É também por este motivo que a Doutrina Espírita recomenda tanto para que estudem, principalmente os médiuns, para que esse intercâmbio seja o mais fiel possível. Aquele que conhece domina o assunto.

Falando devagar, Laís contou ao amigo do pedido, quase chantagem, dos filhos, de sua indecisão, e finalizou:

— Faz um ano que meu esposo me mandou o recado que, agora com sua explicação, compreendo melhor. Ele mandou me dizer: "Dona Laís (ele não me chamava de 'dona'), faça o que eu não fiz. Deixe o curtume para quem eu quero". Foi somente isto.

— E a senhora sabe para quem ele queria deixar o curtume? — perguntou Armando.

— Para os filhos, para os dois homens. Ele falava isso, que ia tomar providência, fazer isso ou aquilo, e não fez. Morreu, o inventário foi feito: eu fiquei com cinquenta por cento do curtume.

— O que a impede de fazer o que seus filhos querem?

— Ser injusta com Maria Tereza — respondeu Laís.

— A senhora tem outros bens? O que mais a senhora tem?

— Tenho imóveis. Herdei-os de meu pai e, antes de casar, meu genitor fez um documento em que meu esposo teve de assinar que esses imóveis seriam somente meus. Depois, fiquei com esta casa e com mais dois apartamentos.

— Se a senhora passar esses bens para os filhos de Maria Tereza seria mais ou menos o mesmo que sua parte do curtume? — Armando quis saber.

— Seria menos. Mas se passar esses bens para meus netos e der aos meus filhos minha parte do curtume, fico sem nada!

— Sou advogado. Embora trabalhe em outra área, entendo um pouco de leis. A senhora não precisa ficar sem nada. Faça como Maria Tereza fez: passe todos os seus pertences para os filhos de Tetê, mas estes serão deles somente com sua desencarnação, quando o corpo físico da senhora morrer. Pode também vender suas ações do curtume. Seus filhos a pagarão em prestações.

— Será que dará certo? — indagou Laís esperançosa.

— Conheço um advogado que, pelas informações, é honesto. Com certeza ele poderá atendê-la. Quer que eu marque uma consulta?

— Por favor, faça isso — pediu Laís.

— Vou fazer isso agora. Posso usar seu telefone?

Armando telefonou, encontrou o advogado em casa e marcou um encontro com ele no outro dia às nove horas.

— Pronto, dona Laís, amanhã falará com o advogado.

— Você não pode ir comigo? Sei que está nesse horário trabalhando, mas gostaria que estivesse comigo. Confio em você!

— Vou, sim! Dona Laís, não ficará barato fazer esse processo. A senhora tem dinheiro? Desculpe-me a intromissão, mas, se quer minha ajuda, tenho de saber alguns detalhes.

— Tenho, sim. Possuo dinheiro aplicado, tenho poupança. Posso também deixar o que restará para os filhos de Tetê.

— Vou ajudá-la a ser o mais justa possível — prometeu Armando.

Laís pegou o livro que ganhou, folheou e abriu nas últimas folhas.

— São orações! — exclamou Laís.

— Sim, temos alguns modelos.

Armando pegou *O Evangelho segundo o espiritismo* das mãos de Laís.

— Esta aqui talvez possa ajudá-la neste momento.

Devolveu o livro para ela.

— Para pedir um conselho?[11] Realmente, é o que preciso Laís leu em voz alta:
— "Quando estamos indecisos de fazer ou não..."
Ao acabar, ela fez uma pausa e depois comentou:
— Parece que isto foi escrito para mim. Escute este pedaço: "Aquilo que eu hesito em fazer pode trazer prejuízo a outra pessoa?". E este outro: "Se agissem assim comigo, eu ficaria satisfeito?". Vou tentar fazer o que devo sem prejudicar ninguém. Vou orar muitas vezes essa prece. Vou pedir inspiração e dirigir meus pensamentos para o bem. Armando, vou gostar de ler este livro!

Combinaram que Armando passaria para levá-la ao escritório do advogado. Despediram-se. Laís se animou. Sentiu-se aliviada diante da possibilidade de dividir seus bens sendo justa.

No outro dia, Laís e Armando foram ao escritório de advocacia. Armando explicou a ele o que a amiga queria. O advogado pediu para estudar a questão, porém esclareceu:
— Como Armando já me trouxe a questão planejada, será fácil fazer o que a senhora deseja. Mas, para não ter problemas posteriores, a senhora terá mesmo de vender as suas ações para seus dois filhos e também fazermos tudo muito bem feito. Assim que o fizermos, o senhor Célio não terá acesso ao que a senhora deixará para os netos. Seus filhos terão de concordar.
— Tenho — contou Laís — um cofre em minha casa, e nele estavam estes documentos, são ações ao portador de

---

11. N. A. E.: Capítulo 28, "Coletânea de preces espíritas", itens 24 e 25 do livro citado de Allan Kardec.

uma grande empresa. Meu esposo as comprou há muito tempo, nem meus filhos sabem. Quero ser justa, pelo menos o mais possível. O curtume vale muito.

— A senhora poderá também dar estas ações aos seus netos — disse o advogado. — Penso, dona Laís, que conseguiremos fazer essa partilha do modo mais correto possível.

Conversaram por mais uns trinta minutos. Laís levou para o advogado a lista de tudo o que possuía. Ele prometeu dar logo uma resposta de quanto cobraria e de quanto ficaria.

Aliviada, Laís agradeceu e Armando a levou de volta para casa.

— Não sei como agradecê-lo. Tenho até vergonha de lhe pedir para voltar comigo amanhã para conversar novamente com o advogado.

— Irei, dona Laís. Vou ajudá-la!
— Obrigada!
Despediram-se.

Na terça-feira à noite, Armando foi ao centro espírita. Naquela noite, um grupo se reunia para o trabalho de orientação a desencarnados. Ele sabia que era restrito aos trabalhadores da casa, isto porque, seguindo normas, deveriam participar pessoas que compreendiam a importância de uma reunião onde há intercâmbio entre dois planos e que possam os participantes estar sintonizados sem curiosidade e com vontade de auxiliar.

Encontrou conhecidos, viu Verônica.

— Participo deste trabalho há alguns anos. Gosto muito!
— explicou Verônica.

— Vim aqui pedir uma ajuda. Trouxe o nome e o endereço da pessoa. Vou orar um pouquinho e ir embora.

— Pode ficar, se quiser — convidou a moça. — Sendo espírita e estudioso de tantos anos, poderá nos ajudar.

Armando agradeceu e ficou. Admirava os trabalhos de orientação a desencarnados. Sabia como era importante, para os espíritos que sofrem ou que, por diversos motivos, estão vagando ou agindo como imprudentes, receber orientação, ser evangelizados. Muitas caridades são realizadas nessas reuniões . Alívio é dado, dores são sanadas e muitos são consolados. Quem participa de uma equipe assim consolida o aprendizado, e quem ajuda já está ajudado.

Orou rogando auxílio a todos que ali se encontravam pedindo socorro. Sentiu-se aliviado porque percebeu que sua coleguinha de mocidade havia sido orientada, socorrida. Desejou que aceitasse o auxílio e ficasse no posto de socorro. Gostou muito da reunião. Quando terminou, conversou com o grupo e convidou Verônica para lanchar. Foram, conversaram trocando ideias sobre os trabalhos do centro espírita, depois levou-a para casa.

"Estou interessado demais em Verônica", pensou Armando. "Será que ela está interessada por mim? Estou com medo de me iludir. Quero pedi-la em namoro. Não é ridículo na minha idade namorar? Gosto da companhia de Verônica, e ela parece se sentir bem quando está comigo. É melhor esperar! Estou receoso de receber um 'não'. Vou convidá-la para sair de novo."

Fez o convite. Verônica aceitou contente. Combinaram de ele pegá-la em sua casa para lanchar novamente. Despediram-se com um "boa noite".

A intrusa

Não houve novidades no lar de Maria Tereza. Simone estava do mesmo jeito, não se queixava, poderia fazê-lo somente para a irmã, mas, ao vê-la preocupada com ela e com tantas coisas para fazer, respondia, quando Beatriz perguntava, que estava do mesmo jeito. Mas se sentia pior: não tinha vontade de fazer nada, não queria ir à escola, fazia o serviço caseiro automaticamente, não tinha apetite, queria ficar na cama, estava sempre com vontade de chorar e tinha dores ora de cabeça, ora nas pernas e dormência nos braços. Nem se importou quando viu Mateus com Glorinha, uma bonita garota que estudava na classe dele. Não estava se importando com nada.

"Vou morrer!", pensava Simone.

Célio não conversava em casa, quase não via as filhas. Sua raiva passava, mas às vezes sentia ódio de Luciene e de Irene. Ia todas as noites ao bar, lá se encontrava com amigos e tentava se distrair.

Os dois desencarnados, ajudantes de dona Chica, estavam somente visitando o ex-casal. Como Nacrelo gostava do ambiente dos bares, de bebidas e conversas fúteis, acompanhava Célio e se deliciava. Nacrelo concluiu que, de fato, o casal rompera: Célio, achando que havia sido traído, não a queria mais, e Luciene já estava namorando outro.

Na noite de terça-feira, com Beatriz na escola e Célio no bar, Simone ficou vendo televisão. Maria Tereza estava no seu quarto orando, pedia a Deus para sua caçula sarar.

"Deus, já lhe pedi tanto pela minha saúde, mas agora peço-lhe para minha filhinha, ela não está bem, deve estar

162

realmente doente. Nunca vi minha filha tão abatida assim, está pálida, desanimada, já emagreceu vários quilos. Ajude-a, meu Deus! Cure-a!"

De repente, distraiu-se e, sem saber como ou entender, estava em outro local.

— Por favor, senhora, fique aqui, logo a atenderemos.

Maria Tereza olhou tudo curiosa.

"Onde será que estou?", pensou. "Parece ser o mesmo local que sonhei outra noite. Engraçado ter o mesmo sonho."

Observou tudo com curiosidade e viu, sentado numa das cadeiras da frente, Armando.

"Estranho", continuou a pensar. "Dias atrás Armando me visitou, conversamos, e agora vejo-o ali, e parece que está concentrado, orando. Quero acordar!"

— Por favor, senhora Maria Tereza — disse a moça que a havia colocado na fila —, aproxime-se deste senhor para conversar e receber orientação dessa outra senhora. Confie em Deus que o Pai Amoroso a ajudará.

Desconfiada, com medo, Maria Tereza fez o que lhe havia sido recomendado, respondeu o cumprimento e ficou sem saber o que falar, quando a senhora perguntou:

— Como está passando?

— Eu?! Não sei! Estou falando!

— Era seu corpo físico que estava doente. Você agora pode falar, se locomover.

— Estes sonhos são estranhos, parecem tão reais! — exclamou Maria Tereza.

Era o que realmente sentia. Que sonhava ou que estava completamente confusa.

"Estarei com alguma doença que afetou meu raciocínio?", pensou.

— Senhora — disse a mulher que conversava com ela —, por favor, compare seu corpo com o corpo desse homem sentado à sua frente.

Maria Tereza reparou, estranhou, pareciam diferentes.

— Você fala, esse senhor repete, tente outra vez e preste atenção.

— Onde estou? — perguntou Tetê. — O que acontece? Estou falando corretamente.

O senhor repetiu o que ela falou.

— Não estou gostando desta brincadeira.

— Por favor, repare novamente em seus corpos — pediu a senhora encarnada.

Maria Tereza reparou, percebeu a diferença: seu corpo era mais leve, translúcido, e o do senhor, mais grosseiro. Naquele momento, ela achou que seu corpo era como uma fumaça. Lembrou dos filhos e entendeu que realmente estava diferente deles.

— Meu Deus! O que aconteceu comigo?!

Maria Tereza ia se desesperar, porém recebeu fluidos benéficos que a acalmaram.

— Você, minha querida, teve seu corpo físico morto...

— *Está me dizendo que morri?* — interrompeu Maria Tereza aflita. — *Não é possível. Estou viva!*

— Sim, está viva porque não morremos. Sobrevivemos com a morte. O que acontece é que mudamos de um plano para outro. Está duvidando?

— *Estou. Não posso ter morrido. Sou muito nova para morrer.*

— Não importa — a doutrinadora elucidou — o tempo que se vive aqui encarnado. Ficamos temporariamente tanto no plano físico como no espiritual. Nosso espírito veste um corpo físico; depois temos de abandoná-lo e viver com este que veste agora, o períspirito. A vida é una, continuamos vivendo.

— *Devo estar sonhando!* — exclamou Maria Tereza.

— Observe, minha amiga, essa tela à sua frente. Aí está seu corpo físico no velório.

Maria Tereza olhou a tela, viu um corpo no caixão e exclamou:

— *Não deve ser eu! Não mesmo! Está diferente!*

— Você não estava doente? Talvez a doença tenha modificado você. Olhe quem estava lá.

Ela viu os filhos chorando, sua mãe triste, seus irmãos, amigos, vizinhos e Célio cabisbaixo. Olhou novamente para o corpo que estava sendo velado e percebeu que de fato devia ser ela, estava com o vestido que mais gostava. Embora muito inchada, com os cabelos sem tintura, sentiu ser o seu corpo. Quis negar, mas não conseguiu. Era verdade o que lhe diziam. E, ao se defrontar com a realidade, indagou com medo:

— *E agora? O que será de mim? Meu Deus, me socorra!*

— Com toda certeza, a senhora está sendo socorrida. Vamos ajudá-la. Ficará conosco, será levada para um local onde vivem os desencarnados, ou seja, aqueles que vivem sem o corpo carnal.

Maria Tereza sentiu vontade de chorar.

"Morri e não soube!", pensou envergonhada.

Sentiu-se aliviada quando a senhora se despediu e a moça que a havia atendido a pegou pelo braço e a colocou em outra fila. Ficou atenta ao que acontecia. Viu um moço recebendo ajuda como ela recebeu. Ele, com o corpo igual ao dela, ficou perto de uma moça de corpo diferente.

"Estes estão mortos, e aqueles, vivos", pensou Maria Tereza. *"Os corpos densos são iguais aos dos meus filhos, de Célio, Rosita..."*

Prestou atenção no moço: era jovem, talvez uns anos a mais que seu filho Júnior. O rapaz falava, uma moça repetia, e uma mulher conversava com ele. Como ela, o mocinho havia desencarnado, como a senhora explicou. O rapaz chorou, e ela também chorou, sentiu medo do desconhecido, pena dele e de si mesma.

"E agora? E agora?", se indagava.

Sentiu-se atraída pelo seu amigo de juventude, olhou para Armando, ele estava de cabeça baixa. Recebeu dele uma força, um alento que lhe deu confiança, e o medo passou (ele orava para ela).

"Estou", pensou Maria Tereza, *"entre pessoas boas. Ficarei bem"*.

Orou.

A moça que ajudava aproximou-se dela e convidou:

— *Venha comigo. Chamo-me Ana Clara e quero auxiliá-la. Não tenha medo, aqui é um lar de amor.*

Ana Clara estendeu a mão, Maria Tereza apertou-a, sentiu-se bem como há muito tempo não se sentia. Acompanhou-a. A trabalhadora desencarnada do centro espírita a levou para uma outra parte do prédio, uma construção que abrigava os desencarnados e a acomodou num leito limpíssimo.

— *Durma para se refazer. Quando acordar, conversaremos e explicarei tudo o que quer saber. Boa noite!*

Maria Tereza, cansada, adormeceu

13º CAPÍTULO

Decisões

Como combinaram, Armando passou na casa de Laís para irem novamente ao escritório de advocacia.

Laís escutou o advogado atenta.

— Tenho de calcular quanto a senhora tem e quanto ficará para passar esses imóveis para seus netos, fazer os documentos necessários e também a venda das ações. Cobrarei...

Armando pediu abatimento, acertaram os honorários.

O advogado prometeu agilizar, fazer tudo o mais rápido possível. Laís e Armando despediram-se, e ele a levou para casa, foram conversando.

— Estava — disse ela — para tomar essa decisão há muito tempo e me sinto aliviada por estar fazendo isso. Ontem li outras partes do livro que me deu e gostei muito, principalmente da que explica a oração do Pai-Nosso. Amigo, sei que não estou sendo muito justa nesta partilha, mas é o que, no momento, penso ser a melhor. Tenho dinheiro guardado que dará para fazer todos esses documentos e vou deixar o dinheiro que restará e o que juntarei até minha desencarnação, como você fala da morte do corpo físico, para os três netos.

— Posso ajudá-la também nessa decisão — ofereceu-se Armando. — A senhora pode alugar um cofre no banco, onde guardará aquelas ações, que são valiosas, divididas em três envelopes, que serão entregues aos filhos de Maria Tereza quando a senhora mudar de plano. Também pode abrir contas poupança para eles e depositar o que lhe sobrar. Posso fazer isso se a senhora quiser.

— Vou abrir uma conta no banco que trabalha e quero que seja o gerente que me atenderá. Quero, sim, que você faça isso para mim. Será mais um favor.

— Amanhã venho buscá-la às quatorze horas: vamos ao banco, abriremos as contas, alugarei o cofre. Dona Laís, a senhora, como o advogado orientou, deverá receber em prestações um valor mensal estipulado dos seus filhos pela venda das ações do curtume. O melhor que tem a fazer é registrar e guardar as notas promissórias no cofre do banco; serão muitas prestações, para assegurar que a senhora continue a ter renda. Porém, se a senhora desencarnar antes de eles pagarem tudo, Jorge e Otávio receberão esses documentos assinados por eles, que estarão no cofre em envelopes em seus nomes, como receberão também seus netos os envelopes deles.

— Mas isso é ótimo! Por favor, Armando, faça isso por mim!

— A senhora tomou a decisão, e esse problema não mais a afligirá — comentou Armando.

— Ainda há outra. Espero que também dê certo. Vou convidar, ou implorar, para as filhas de Tetê, as minhas netas, morarem comigo. Quero dar a elas tudo o que for possível.

— Aconselho a não interferir no modo de vida delas. O melhor é ter calma, agir com cautela.

— Vou seguir seus conselhos — determinou Laís. — Se Simone está doente, vou cuidar dessa menina no que ela me permitir. Como devo tratar Beatriz?

— Ajude-as! — respondeu Armando. — Ofereça para pagar os cursos que faziam antes, o balé para a caçula. Seja alegre, não reclame, receba as amigas delas em casa, agrade a todos. Se Beatriz de fato ama esse namorado, pode ter certeza de que o continuará namorando; porém, se está com ele porque via nesse relacionamento uma alternativa de sair da casa do pai, esse namoro terminará.

— Meu Deus! — exclamou Laís. — O que estava fazendo? Arrepio-me em pensar nessa possibilidade. Querendo dificultar a vida do meu genro, estava mesmo prejudicando a das meninas. Vou orar muito para ter a oportunidade de consertar minha imprudência. Você pensa mesmo que devo somente agradá-las?

— Sim, não interfira. Agrade-as com muito amor.

— E se elas não quiserem morar comigo? Elas já me pediram isso e recusei — Laís se preocupou.

— Converse com elas com jeitinho, peça com sinceridade; se não der certo, implore.

— Farei isso! Mas será que Célio deixará as filhas morarem comigo?

— Penso que ele não se importará — respondeu Armando. — Talvez ele precise ficar sozinho para dar valor à família.

— E, aí, não querendo mais, é que o prejudicarei. Tem razão, a solidão não é agradável. Embora Célio seja um homem jovem ainda, bem apresentável, achará companhia, mas não será a mesma coisa, não será a família.

— Tem razão — concordou Armando.

— Estou sentindo que está preocupado. Não quer me contar o que o aflige? Talvez possa ajudá-lo.

— De fato, estou indeciso.

— Você indeciso? — Laís admirou-se. — Aproveite e tome uma decisão. Se quiser falar, escuto-o com prazer. Quer entrar um pouquinho?

Eles haviam chegado, estavam no carro parado em frente à casa de Laís.

— Tenho de voltar ao trabalho. Se a senhora não se importar, vamos continuar aqui. É que conheci uma moça que vai ao centro espírita que frequento. Temos conversado, já saímos, e eu não sei... — Armando gaguejou.

— Não sabe o quê? — perguntou Laís. — Você está pensando que ela não o quer? Mas se aceitou sair com você, se conversam, é porque, com certeza, você a agrada. O que está ocorrendo para ficar indeciso? Ela tem outra pessoa?

— Não, ela é solteira, boa moça, bonita e... branca.

Laís riu.

— Desculpe-me, Armando, é que não pensei que fosse racista, preconceituoso.

— "Racista" eu?!

— Fale-me, então, por que o incomoda essa moça ser branca?

— Já fui rejeitado — Armando lembrou que já fora rejeitado por ser negro.

— Por isso rejeita? Não aja como adolescente.

— O que faço para saber se ela está interessada em mim? — perguntou Armando.

— Penso que ela está, senão não aceitaria sair com você. Que tal um programa mais romântico? Convide-a para ir ao cinema. Pegue na mão dela; se não retirar, dê-lhe um beijo e, depois, fale somente: "Vamos namorar?".

— Parece simples — concordou Armando. — Mas e se não tiver coragem para fazer isso?

— Faça de qualquer modo. Espelhe-se em mim. Demorei para me decidir e fiz familiares sofrerem, pessoas que gosto. Não aja como eu. Decida e pronto!

— E se ela não me quiser?

— Parta para outra! Porém, não sofra antecipadamente. Marque logo esse encontro — Laís motivou-o.

— Vou fazer isso!

Despediram-se. Laís entrou em casa e telefonou para o curtume. Jorge atendeu.

— Filho, já decidi! Venham você e Otávio aqui à noite. Temos de conversar, falarei a vocês a decisão que tomei.

Laís aguardou-os.

Jorge e Otávio foram pontuais, estavam curiosos para saber o que a mãe decidira. Após cumprimentos, Laís foi direto ao assunto.

— Decidi vender minhas ações do curtume para vocês!

Os dois suspiraram aliviados.

— Fez bem, mamãe! — exclamou Otávio.

— Haverá, porém — Laís fez uma pausa —, alguns outros itens. Vocês terão realmente de comprá-las. E farão isso pelo menor preço e em prestações. Para não ser injusta com Maria Tereza, todos os meus outros bens passarei para os filhos dela, e vocês têm de concordar. Farei tudo dentro da lei.

Por alguns minutos, Laís explicou a eles o que havia decidido, somente não falou das outras ações.

— Se vocês aceitarem, podemos fazer isso logo. Tenho um advogado que tratará de tudo.

Jorge e Otávio não esperavam que a mãe tomasse essa atitude, admiraram-se com que ouviram. Percebendo-os indecisos, Laís falou:

— Vou preparar um chá para nós, deixo-os sozinhos para decidirem se aceitam. Porém, aviso-os: ou isto ou nada! Não me peçam para ser mais injusta ainda. Porque vocês dois sabem que os outros bens que possuo são menos do que a minha parte da empresa.

Saiu da sala. Os dois conversaram baixinho.

— Quem foi que orientou mamãe? — indagou Otávio. — Porque penso que ela não deve ter tido essa ideia sozinha. Contratou um advogado!

— É a oportunidade de ficarmos com mais ações do curtume! — exclamou Jorge. — O que mamãe pede para pagarmos é somente um pouco a mais do que retira de dividendo. Embora esperássemos e quiséssemos que fosse diferente, o melhor é aceitar.

— Vamos tentar convencê-la — disse Otávio. — Se não conseguirmos, devemos aceitar. É melhor isso do que deixar como está e tudo ser dividido por três.

Laís entrou na sala com uma bandeja com xícaras de chá e bolinhos.

Os dois tentaram convencer a mãe a vender as ações e não passar nada para os três netos. Laís foi taxativa.

— Ou o que propus ou nada!

Os filhos então, concordaram. Conversaram mais um pouco, e Laís ficou de informá-los o que ela e o advogado iriam fazer.

Armando seguiu os conselhos de Laís, telefonou para Verônica convidando-a para irem ao cinema.

— Vamos, sim — Verônica aceitou —, está passando um filme romântico. Uma amiga afirmou que é muito bom.

Combinaram. Ele passou na casa dela, e foram ao cinema. Armando estava indeciso e precisou pensar na amiga Laís para ter coragem. Pegou na mão dela; como Verônica não a retirou, aproximou-se e a beijou.

— Vamos namorar? — perguntou baixinho.

A moça olhou-o e ofereceu os lábios para um outro beijo.

— Sim — respondeu.

Armando ficou contente como um adolescente. Não prestaram mais atenção ao filme, estavam alegres e entusiasmados.

Ele a deixou em casa e foi para o seu apartamento. Pensou contente:

"Dona Laís tem razão, deu certo. Vou agradecê-la. Tanto eu como Verônica já sofremos bastante, somos maduros e responsáveis. Penso que daremos certo juntos. Com certeza, logo não estarei mais sozinho e poderei ser pai novamente. Obrigado, meu Deus!

Orou agradecendo.

Maria Tereza acordou num quarto pequeno, numa cama confortável. Espreguiçou-se devagar.

— *Meu Deus! Estou mexendo meus braços!*

Movimentou a mão direita.

— *Perfeita! Estou ouvindo minha voz! Falo!*

Levantou-se e andou como antes de adoecer. Deu uns pulos.

— *Maravilha!*

Lembrou-se da noite anterior.

"Morri mesmo!", pensou. *"Só pode ser isso! De fato, meu corpo era diferente do das minhas filhas, de Célio, das pessoas que me ajudaram ontem. Será que morrer é isso? O que fazer agora?"*

A porta se abriu, e uma moça entrou sorrindo.

— *Oi! Sou Ana Clara. Lembra-se de mim?*

— *Você me ajudou ontem* — respondeu Maria Tereza.

— *Isso mesmo! Sente-se aqui. Trouxe para você sucos e frutas. Precisa de alguma coisa? Está bem?*

— *Sinto-me bem, obrigada. Nem sei se preciso de algo. Estou confusa. Tudo leva a crer mesmo que morri.*

— *Mudou-se de plano* — Ana Clara tentou esclarecê-la —, *do físico para o espiritual. Somos espíritos que ora estamos encarnados, desde fetos no ventre materno, para vivermos por um tempo até nossos corpos carnais terminarem suas funções e em espírito voltar ao lar verdadeiro. De fato, Maria Tereza, seu corpo físico morreu, mas continua viva.*

— *O que acontecerá comigo?* — Maria Tereza quis saber.

— *Aprenderá a viver com esse corpo, o períspirito, e ficará muito bem.*

— *Aprenderei?*

— *Sim, vamos ensiná-la* — prometeu Ana Clara sorrindo.

— *Você me parece feliz. Gosta de viver assim?*

— *Gosto muito* — afirmou a trabalhadora do posto de socorro. — *O plano espiritual é deveras encantador.*

— *Não é difícil aprender? Parece tão diferente e ao mesmo tempo igual.*

— *A vida continua sem muitos saltos. Não é difícil, porém deve se esforçar para ficar aqui conosco e se conscientizar de que fez essa mudança.*

— Perturbei-me. Com todas as pessoas que desencarnam acontece isso? De ficarem confusas? — Maria Tereza quis saber.

— Para os que se preparam, dão atenção ao detalhe de que todos os que encarnam irão desencarnar, essa mudança é um acontecimento natural e não se perturbam.

— Este conhecimento é para poucos?

— Não existem privilégios. Conhecimentos são para aqueles que os procuram, para os que querem aprender. O fato é que muitos se recusam até de pensar nessa mudança. São escolhas.

— O que devo fazer primeiro? — perguntou a recém socorrida.

— Ficar aqui conosco, não sair sem permissão. Aprenderá aos poucos.

— Farei isso! Decisão tomada! Ficarei aqui, vou me esforçar para aprender e serei grata! — decidiu Maria Tereza.

De fato, naquele momento, ela teve a certeza de que seu corpo físico havia morrido, não deveria se iludir mais, continuava viva e tinha de viver de outro modo. Foi se alimentar.

14º CAPÍTULO

De volta ao lar

Laís ficou pensando em como ia se comunicar com as netas.

"É melhor falar com Beatriz, ela é mais ponderada. Simone, da última vez, saiu daqui de casa muito chateada comigo. Porém Beatriz não para em casa, trabalha e estuda. Vou ligar na loja em que trabalha. Procurarei o número na lista telefônica e pedirei para falar com ela um minutinho e me identifico."

Telefonou, disse que era a avó de Bia e pediu para falar com ela um instante. A garota se assustou, não esperava a avó ligar.

"Será que aconteceu algo grave?", pensou preocupada.

— Alô! — atendeu.

— Bia — disse Laís —, quero pedir para você e Simone virem aqui em casa. Preciso falar com vocês.

— Trabalho vó, e à noite estudo, como sabe. Não sei se vai dar para irmos.

— Por favor, venham, qualquer hora — pediu Laís.

— No sábado, talvez. É só isso?

— É! — respondeu Laís.

— Vou desligar. Não podemos usar o telefone no trabalho. Tchau!

Desligou. Laís se entristeceu.

"Estou recebendo de volta o mesmo tratamento. As meninas devem mesmo estar sentidas comigo. Preciso pensar no que fazer. Devo esperar até sábado?"

Aborrecida, percebeu que com sua atitude magoou muito as garotas.

Beatriz, ao desligar o telefone, ficou por instantes pensando no que a avó poderia querer.

"Com certeza ela nos pedirá para tentar infernar a vida de papai. Como se Simone e eu pudéssemos fazer algo contra nosso pai. Infernizaria mais ainda é as nossas vidas. Nem vou contar para minha irmã desse telefonema. Vou esquecê-lo. Estou mesmo preocupada é com Simone. Mesmo eu vendo-a todos os dias, notei que emagreceu, está pálida e cada vez mais triste. O pior é que não sei o que faço. Não quero ser desagradável com Nestor falando a ele sobre isso. Receio desagradá-lo. Não posso correr esse risco. Preciso casar com ele. Como mãe faz falta!"

Voltou ao trabalho.

Simone, desde que tinha se levantado, sentiu-se pior. Parecia que faltava algo. Não conseguiu prestar atenção na aula, no intervalo conversou pouco com as colegas. Esforçou-se para ficar até o final da aula. Sentiu-se aliviada ao chegar em casa, foi direto para a cama e chorou.

"Que tristeza, meu Deus! Por que me sinto assim? Dói dentro de mim!"

Não almoçou. Depois de muito chorar, dormiu e acordou assustada.

"Que sonho estranho! Sonhei que procurava algo. Que andei pela casa toda procurando. Não conseguia encontrar. O que será que procurava? Fiquei muito aflita por não encontrar e estou muito triste."

Esforçou-se para fazer alguma coisa, não se alimentou e chorou muito. Não viu a irmã chegar e, no outro dia, quando Beatriz chamou-a, sentia-se tão exausta, deprimida, que mentiu:

— Bia, hoje não teremos a primeira aula, entraremos mais tarde. Ficarei na cama, depois levanto, tomo café e vou à aula.

Ouviu a irmã ir para o trabalho, e o pai levantar, tomar o café e sair. Aí chorou.

"Quero algo! Mas o quê?"

Não foi à aula, não quis ir, não queria sair de casa, do quarto. Cochilou e, quando despertou, chorou alto.

— Sei o que quero! O que procuro! É mamãe! Quero a mamãe!

Passou o dia inquieta e chorosa. No outro dia, quando Beatriz a chamou, respondeu:

— Não estou me sentindo bem. Não vou a aula hoje. Não tem nada mesmo de importante.

— Si, por favor, levante e vá a escola! — pediu Beatriz.

— Não vou! E não se preocupe comigo. Vou dormir mais um pouco e depois levanto. Vá trabalhar!

Beatriz ficou sem saber o que fazer.

"Será que devo acordar papai", pensou, "e contar a ele o que se passa com a Si? Não sei como ele pode reagir. Certamente gritará, xingará e a forçará a ir à escola. Não quero discussão nem briga. O melhor é não dizer nada a ele. Tenho de ir trabalhar."

Foi para a loja. Iris, uma colega, faltaria aquele dia. Pesarosa e preocupada, deixou a irmã sozinha. Era com certeza muita preocupação e responsabilidade para uma garota de dezessete anos.

Simone voltou a dormir e, quando acordou, sentou-se na cama e novamente chorou alto.

— Quero mamãe! Mãezinha, não me abandone! Quero você! Preciso de você! Mãe!

Maria Tereza estava disposta a aprender a viver desencarnada, seguir as normas da casa que a abrigava. Orou com o grupo de socorridos, leu o Evangelho e, de repente, começou a ficar inquieta.

— *Alguém está me chamando! Sinto que alguém está sofrendo por mim.*

A sensação foi piorando, até que sentiu o chamamento dentro dela. Como se alguém a quem era unida pelo carinho, pelo amor, a estivesse querendo perto. Começou a se desesperar.

Beatriz, quando se encontrou com Nestor no horário do almoço, pediu a ele:

— Você me leva em casa? Simone não estava bem de manhã, falou que não ia à aula. Pedi à dona Ana Maria para ligar lá, o telefone tocou, e ninguém atendeu.

A intrusa

— Talvez você tenha se preocupado à toa. Simone deve ter se arrependido e foi à aula — falou Nestor.

— Será?

— Levo você lá, espero e a trago de volta; depois almoçarei. Vamos!

Ao chegar, Beatriz convidou-o a entrar, Nestor entrou com ela e esperou na sala. A garota foi ao quarto e encontrou Simone deitada, o rosto estava inchado de chorar.

— Simone! — exclamou Beatriz preocupada. — O que aconteceu?

— Quero mamãe! Quero!

Nestor escutou-as, preocupou-se e foi ao quarto. Assustou-se ao ver a cunhada. Não falou nada. Beatriz, ao vê-lo, explicou para a irmã:

— Estava preocupada com você, pedi para Nestor me trazer aqui para vê-la. Por que não atendeu o telefone?

— Não escutei — respondeu Simone, encabulada com a presença do rapaz. — Não se preocupe comigo. É que dormi. Estou bem.

— Levante, troque de roupa e vá almoçar — ordenou Beatriz. Pegou no braço do namorado e o levou para a sala.

— O que faço? — perguntou a garota.

— Fique com ela. Leva-a novamente ao médico.

— Não posso deixar de ir à loja, Iris faltou hoje.

— Então volte ao trabalho e não vá à aula. Espero-a aqui, volte ao quarto e converse novamente com sua irmã.

Beatriz voltou ao quarto, Simone já tinha trocado de roupa.

— Estou bem, Bia — mentiu Simone. — De verdade! Amanhã vou à aula. Prometo! Não se preocupe comigo. Vou esquentar a comida e almoçar.

A filha mais velha de Maria Tereza preferiu acreditar, voltou à sala, e Nestor a levou para a loja.

— Bia — disse ele —, vou comprar lanches para vocês; às dezoito horas espero você e a trago para casa. É melhor, pelo menos hoje, que você fique com sua irmã.

— Obrigada, meu bem! — agradeceu a moça.

"Não gostei", pensou Nestor, "de ver minha cunhadinha daquele modo. Será que o pai não vê que Simone está doente? Devo ou não me intrometer? É melhor esperar e ajudar minha namorada no que ela me pedir".

Fez o combinado.

Simone, assim que a irmã saiu, deitou-se novamente e voltou a chorar e a chamar pela mãe.

— Mamãe! Mãezinha! Quero você! Por que me abandonou?

Maria Tereza se desesperou, começou a chorar.

— *Já vou, filhinha! Vou! Não a abandonarei!*

Querendo muito atender a filha, quis com muita vontade ir para perto dela e, sem entender como, estava no seu quarto e foi abraçá-la.

— *Si, minha querida! Filhinha! Estou aqui!*

— Mamãe! Mãezinha!

A garota foi se acalmando, já não chorava alto, somente lágrimas escorriam pelo rosto. Adormeceu.

— Mamãe! — gritou Simone.

Abraçou a mãe apertado, beijou-a muitas vezes e repetia sem parar:

— Mãe! Mãezinha! Mamãe!

Maria Tereza chorava abraçando-a apertado, acariciava seus cabelos, beijava-a.

— *Tudo bem, filhinha! Agora está tudo bem. Fico com você!*

Ficaram assim por uns quinze minutos. O telefone tocou e acordou Simone, que se levantou rápido e foi atendê-lo. Era a irmã querendo saber como ela estava. Desta vez a garota não mentiu.

— Bia, estou me sentindo bem melhor. Sonhei com mamãe, ela me beijou, abraçou e disse que não me abandonará. Estou bem. Vou fazer o serviço de casa. Tchau!

Sentindo-se aliviada, Simone foi para a cozinha. Maria Tereza foi atrás.

"Sei, minha querida, que morri, que não serei vista e que não posso conversar com vocês. Porém, não posso estar bem se vocês não estão. Não poderia deixar de atendê-la. Se me chamou, é porque me quer. Percebi que, quando você dorme, fala comigo. Isto me basta. Vou ficar aqui."

E ficou perto de Simone, que se sentiu aliviada, como se tivesse procurado algo em desespero e encontrado. Fez o serviço de casa, alimentou-se e foi ver televisão.

Beatriz não foi à aula; do trabalho, Nestor a trouxe para casa. Ficou aliviada ao ver a irmã melhor. Observou-a, viu que Simone estava com olheiras, muito pálida e com certeza bem mais magra. Comeram o lanche que Nestor havia pedido para elas, ficaram vendo televisão e depois foram dormir. Célio foi ao bar depois do trabalho e retornou à casa mais tarde.

No outro dia, Simone foi à aula garantindo à irmã que estava se sentindo bem.

"Estou", pensou Simone, "como dias atrás, sentindo-me

desanimada, com dores, mas, perto desses dois dias, estou bem melhor. Que agonia senti nesses últimos dias!"

Maria Tereza ficou em seu quarto. Viu Rosita chegar e limpar a casa.

"De fato, estamos diferentes! Morri, e ela não! Os corpos são completamente desiguais. Falo agora, mas o que importa? Ninguém me ouve."

Ficou perambulando pela casa à espera de sua filha caçula.

Armando foi buscar Laís para irem ao banco, e ele, contente, contou:

— Deu certo! Verônica e eu estamos namorando! Esforcei-me e venci a timidez, segui seu conselho, quase que não consegui, aí pensei na senhora e a estou namorando, estou muito contente.

— Alegro-me por você. Gostaria de conhecê-la, convide-a para vir jantar comigo. — Laís fez uma pequena pausa e contou: — Separei as ações em envelopes com os nomes dos três netos. Ao dividi-las, não resisti e coloquei mais para o Júnior. Por que será que o amo tanto? Gosto de todos os netos, mas tenho por ele um carinho especial. Com sinceridade, amo-o mais do que os outros. Você me explicaria isso?

— Pela reencarnação, podemos compreender nossos sentimentos.

— Você acredita mesmo que nosso espírito volta em vários corpos diferentes? — perguntou Laís.

— Sim, acredito. Se não acreditasse, não conseguiria compreender tantas diferenças entre nós. Por que aquele senhor que estamos vendo passar de cadeira de rodas está, no momento, deficiente? Por que existem cegos, surdos e órfãos? Quando reencarnamos, muitas vezes com determinado espírito, tornamo-nos afins, dizemos que ele faz parte da nossa família espiritual, sentimos então um afeto diferente, mais forte.

— Deve ser isso! Desde que vi Júnior, amo-o mais do que os outros, mais do que meus filhos. Ainda bem que não é errado.

— Amar nunca é errado — afirmou Armando. — Porém, aconselho-a a se esforçar para não fazer diferença, pode magoar os outros netos. Esforce-se para não demonstrar essa preferência.

— Vou me esforçar, mas que gosto mais dele, gosto, e sei que ele gosta de mim.

Laís contou ao amigo do telefonema que fez para a neta e de como foi tratada.

— Não desanime, dona Laís: conseguirá. Por que não pede ajuda ao Júnior?

— Vou fazer isso!

Foram à agência bancária, ela abriu as contas, alugou o cofre. Foi então que percebeu que Armando era o gerente responsável, tinha um cargo importante.

"É simples meu amigo, e percebo que todos gostam dele", Laís concluiu.

Com tudo resolvido, Armando levou-a para casa. Laís ficou pensando no neto, não tinha como se comunicar com ele, era sempre Júnior que telefonava. Pensou nele, desejou que ligasse, e, duas horas depois, ele ligou.

— Vó — disse o moço —, lembrei da senhora e fiquei com muita vontade de lhe falar. Está tudo bem? Aconteceu alguma coisa?

— Está tudo bem comigo. Estava pensando em você e desejei que me ligasse. Júnior, quero que telefone para suas irmãs e peça a elas para atenderem meu pedido. Conte a elas que o estou ajudando.
— Por que isso, vovó? — Júnior quis saber.
— Pensei muito e resolvi ajudar não somente a você, mas também Beatriz e Simone. Quero convidá-las a morar comigo, agradá-las e cuidar delas. Sei que já deveria ter feito isso, mas quero fazer agora.
— Verdade, vovó? Maravilha! Não sei como agradecê-la. Mil beijos por isso!
— Estou tendo um problema — falou Laís —, as meninas estão sentidas, com razão, comigo. Telefonei para Beatriz, e ela me atendeu secamente, penso que elas não virão. Gostaria que minhas netas viessem aqui em casa, vou implorar para me desculparem e convidá-las para morar comigo.
— Pode deixar, vovó, vou conversar com elas. Vou ligar para Simone. Sei como convencê-la, e Beatriz faz tudo que nossa irmãzinha caçula quer.
Júnior ficou contente, e Laís, sentindo a alegria do neto, ficou também.
"Só a reencarnação para explicar o amor que sinto por esse menino", pensou Laís.
Despediram-se.

No sábado de manhã, Júnior ligou para sua casa; sabia, pelo horário, que somente Simone estaria naquele momento. De fato, a garota atendeu.
— Ju, aconteceu alguma coisa?

— Estou muito bem. Não fique aflita — o moço tranquilizou-a.

— Você ligando sem ser a cobrar...

— Sei que papai reclama quando ligo a cobrar. Queria falar com você. Tenho dinheiro e comprei fichas. Vovó tem me dado dinheiro.

— Que bom! — exclamou Simone. — Estou com saudades! Mas por que você ligou?

— Para contar que minha vida melhorou muito com a ajuda de vovó. Moro agora em um local legal, estou muito contente. É sobre vovó que estou telefonando. Ela me pediu para interferir, porque quer falar com você e com Bia. Vó Laís me contou que ligou para Bia pedindo para que fossem lá, e nossa irmã foi fria com ela. Vocês irão?

— Bia nem me contou do telefonema. Dá última vez que fomos lá, prometi que não voltaria. Deve ser por isso que nossa irmã não me contou.

— Si querida, eu estou pedindo, vão conversar com vovó. Talvez dessa vez seja diferente. Vovó me pareceu disposta a ajudá-las — Júnior sabia que a irmãzinha era muito curiosa e atiçou sua curiosidade. — Estou curioso! O que será que vó Laís quer falar com vocês? Deve ser algo importante! Um segredo de família? Algo sobre a mamãe? Vá, escute e depois me conte.

— Você sabe que gosto de atendê-lo em tudo. Mas não sei. Falarei com Bia; se ela quiser ir, vou pensar no assunto.

Júnior insistiu novamente, até que Simone prometeu tentar convencer a irmã.

Desligaram, e a garota ficou pensando:

"O que será que vovó quer conosco? Será que quer nos

revelar algum segredo? Estou curiosa! Vou falar com Bia: se ela concordar, iremos lá."

Foi antes das treze horas à loja esperar pela irmã, almoçaria com o casal de namorados. No restaurante, Simone contou do telefonema do irmão.

— Assustei-me — contou a garota —, porém Júnior me garantiu que está bem, ele queria me pedir para falar com vovó. Você não me contou que vó Laís havia ligado.

— Esqueci — Beatriz se desculpou —, não dei atenção e esqueci. Você não quer ir, não é?

— Se você quiser, iremos. Estou curiosa para saber o que vovó quer de nós ou nos contar.

Nestor escutava-as, e Beatriz explicou:

— Vovó Laís é nossa avó materna; quando fomos abaladas pela tragédia, pedimos para morar com ela, que recusou.

— Pedimos novamente, e ela não quis nos aceitar — interrompeu Simone —, e eu prometi não voltar mais à casa dela. Mas estou curiosíssima. Segundo Júnior, vovó agora resolveu nos ajudar.

— O que você, Nestor, acha que devemos fazer? — perguntou Beatriz.

— Não custa nada irem. Vão, escutem-na e depois decidam: isto se tiver algo para escolher. Vamos almoçar sossegados, já que não temos de voltar às lojas. Depois, deixo vocês na casa de sua avó.

— Vamos ou não? — perguntou Beatriz.

— Sim, iremos — decidiu Simone —, mas não serei amável com vovó. Ela já nos tratou muito mal.

Foi, como sempre, um almoço agradável; do restaurante, foram a uma pracinha, e depois Nestor as levou para a casa da avó.

15º CAPÍTULO

A difícil conversa

As duas garotas pararam em frente ao portão da casa da avó, e Beatriz fingiu tocar a campainha, despediu-se novamente do namorado com um abano de mão. Nestor foi embora, e a irmã mais velha explicou:

— Queria, antes de tocar a campainha e vovó atender, falar com você, não quis que Nestor escutasse para não me envergonhar.

— Tem razão — concordou Simone —, é mesmo de se envergonhar. Com certeza vovó fez um plano para prejudicar papai e está querendo que participemos. Só que, quando nosso pai se irrita, quem mais sofre somos nós.

— Não consigo nem pensar no que vovó quer de nós. Ela já demonstrou não gostar de mim nem de você. Vamos fazer o seguinte: nós a escutaremos sérias, vamos evitar discutir; se for algo para prejudicar papai, responderemos que não, levantaremos e iremos embora. Se for algo diferente, pediremos para ficar a sós e decidiremos.

Simone concordou com a cabeça, e Beatriz tocou a campainha. Laís veio rapidamente, esperava as garotas desde a hora do almoço e orou muito para que elas viessem. Recebeu-as com um sorriso, quis abraçá-las, mas foi repelida; as duas somente cumprimentaram-na com um "oi", entraram, sentaram no sofá da sala e esperaram.

"Tratam-me como foram tratadas!", pensou Laís. "Deus, me dê forças. Entendo agora o mal que lhes fiz."

— Pedi que viessem aqui porque quero me desculpar. Pedir perdão a vocês.

As meninas se olharam e continuaram caladas. Laís olhou para elas com carinho, pensou em Armando, como se a figura dele lhe desse forças naquele momento difícil. Repetiu:

— Desejo que me perdoem! Entendi que não agi corretamente com vocês duas. Queria dificultar a vida de Célio e não calculei as consequências. Por isso as chamei aqui para me desculpar. Vocês me desculpam?

As duas continuaram caladas. Laís suspirou e continuou a falar:

— Queria também pedir, implorar, para que venham morar aqui comigo.

Ao escutar isso, as meninas se olharam.

— Como? — perguntou Beatriz. — Não estou entendendo o que a senhora quer.

— Quero que venham residir nesta casa. Desejo dar a vocês tudo o que merecem. Que voltem a estudar inglês, espanhol, que você, Bia, não trabalhe mais e que Simone retorne às aulas de balé.

Simone arregalou os olhos, se animou, olhou para a irmã e, ao vê-la tranquila, ficou também. Laís não desanimou, estava sendo realmente muito difícil, porém pensou que foi ela quem primeiro tratou as netas com indiferença.

— Vocês morando aqui, farei de tudo para agradá-las.

— E se não aceitarmos? — perguntou Beatriz.

— Gostaria muito que aceitassem. Isso deveria ter ocorrido há muito tempo. Se não aceitarem, quero ajudá-las do mesmo modo. Mas, por favor, me desculpem e aceitem meu convite, meu pedido.

As garotas novamente se olharam, e Beatriz indagou:

— Por que, vovó? Por que isso agora?

— Sei que fui indelicada com vocês. Todos nós erramos. Não agi certo; ao compreender isso, quis, e quero, remediar.

— Vovó — pediu Beatriz —, podemos ficar sozinhas um pouquinho?

— Claro — respondeu Laís —, vou preparar um chá para nós.

Laís saiu da sala e foi para a cozinha.

"Meu Deus, me ajude!", rogou Laís e pensou: "Simone está realmente doente. Está tão pálida! Magra! Parece uma flor colhida fora d'água. Minha vontade é pedir para minha filha Tetê me orientar, mas Armando me explicou que não devo pedir nada a ela nem ao meu esposo, porque, se eles não puderem me atender, sofrerão por isso.[11] Quero que Maria Tereza esteja bem e meu esposo também. Meu amigo orientou-me a pedir para Deus, para Jesus e aos bons espíritos. Enquanto faço o chá vou orar: Pai nosso..."

---

11. N. A. E.: Acompanhando a história, entendemos que de fato Maria Tereza não poderia atender à mãe e, como veremos após, nem seu esposo. O conselho de Armando é deveras verdadeiro. Não devemos pedir ajuda aos nossos entes queridos desencarnados, principalmente os recém. Se eles, no momento, não tiverem como ajudar, sentirão, podendo até sofrer e, se estiverem como Maria Tereza, poderão vir para perto, como ela fez com Simone, e piorar a sua própria situação e a do encarnado. Que nossas rogativas sejam para Deus, nosso Pai; a Jesus, nosso irmão e mestre; a Maria, mãe de Jesus; e aos bons espíritos. E que esses pedidos sejam sempre para o bem nosso e de outras pessoas.

Simone foi se sentar perto da irmã, e as duas conversaram baixinho.

— O que será que deu na vovó? Estará ela doente? — perguntou Beatriz.

— Não sei. Espero que não esteja doente e queira nós duas para cuidar dela. Mas ela me pareceu, como sempre, saudável. Que tal aceitarmos o pedido? Quem sabe dá certo? Queríamos tanto morar com ela...

— Pedimos isso à vovó, que recusou. E se não der certo?

— Voltaremos para a casa do papai, que é nossa também — respondeu Simone.

— E se papai não nos aceitar?

— Bem... Aí iremos ao juiz. Depois, você se casará logo.

— Estou desconfiada — falou Beatriz. — Por isso, vou fazer mais umas perguntas à vovó.

Foram para a sala de jantar e encontraram a mesa posta.

"Pena que almocei muito", pensou Simone.

— Vovó — disse Beatriz —, desculpe-me a pergunta: A senhora não mudará de ideia? Se sairmos de casa, não será fácil voltar.

— Prometo a vocês que não mudo de ideia, não vou interferir em suas vidas. Desejo que voltem às atividades de antes, quero comprar roupas para vocês, ver Simone dançar em várias apresentações, comprarei todas as roupas que ela tiver de usar.

Simone entusiasmou-se novamente e perguntou:

— Jura, vovó?

— Se preciso, juro! Farei isso e muito mais. Quero vocês felizes.

— Papai pode não deixar — comentou Beatriz.

A intrusa

— Ora! — exclamou Simone. — Papai não deixar?! O que ele mais quer é se livrar de nós. Mas e se ele não deixar?

— Tenho como fazê-lo concordar — falou Laís. — E aí, vocês vêm?

Laís pensou: "Se Célio não deixar, ameaço-o com um processo. Falo que sei que roubava o curtume e que o coloco na prisão. Diante dessa ameaça, tenho a certeza de que ele deixará as meninas comigo".

— Podemos tentar — decidiu Beatriz.

— Que bolo gostoso! — exclamou Simone.

"Devo tentar pela minha irmã", pensou Beatriz. "Aqui, com certeza, terá uma boa alimentação e não ficará sozinha."

— Nós não podemos demorar, tenho de lavar roupas — falou a filha mais velha de Maria Tereza.

— Traga-as sujas, não as lave — pediu a avó. — Aqui em casa, vocês não farão nada, tenho empregada e faxineira. Venham o mais rápido possível. Na segunda-feira, nós as matricularemos nos cursos e você, Bia, se demitirá do emprego.

— Tenho um namorado — contou Beatriz.

— Que será muito bem recebido aqui em casa. Para começar, convide-o para almoçar amanhã aqui. Que tal vocês trazerem suas roupas hoje mesmo ou amanhã? Seus quartos já estão arrumados: este da esquerda é para uma; o da direita, para a outra; e o da frente é de Júnior, quando ele vier de férias.

— Vamos ter de conversar com papai. Amanhã cedo lhe daremos a resposta — determinou Beatriz.

— Mas nós viremos — afirmou Simone.

— Agora vamos — Beatriz levantou-se.

— Levem este bolo, vou colocá-lo numa vasilha. Poderão comê-lo mais tarde — ofereceu Laís.

192

Simone pegou a travessa com o bolo. Despediram-se.

Laís, ao ficar sozinha, pensou que foi realmente difícil para ela a conversa que teve com as netas.

"Por que será que fazer desaforo é, para mim, mais fácil que pedir desculpas? Com certeza é orgulho. E elas não responderam às minhas desculpas. Vou orar e agradecer a Deus por ter conseguido. Com elas aqui e, ao perceber que é sincero o meu pedido, me perdoarão."

Telefonou para Armando dando a notícia.

— Muito bem, dona Laís, fez o certo, o resto será muito mais fácil. Não se esqueça, demonstre seu amor.

Laís aguardou ansiosa e esperançosa a vinda das netas para seu lar.

As garotas, ao saírem da casa da avó, comentaram:

— O que será que aconteceu com a vovó para ela mudar de ideia? Não nos queria de jeito nenhum e, de repente, nos quer com ela — Beatriz estava curiosa.

— Não sei e não quero saber. O importante, para mim, é voltar às aulas de balé, participar das danças, das apresentações...

— Não sabia que o balé era tão importante assim para você.

— Quando mamãe ficou doente — contou Simone —, entendi que tinha de sair, precisava ficar mais em casa, ajudar, e as despesas eram altas. Depois, pedi ao papai para voltar a dançar, e ele recusou, dizendo que era um absurdo eu frequentar a escola de dança, que isto era frescura da mamãe etc. Chorei muito e não falei nada a ninguém, não a queria aborrecer. Você não teria nunca condições de arcar esta despesa, as aulas, as roupas... Agora não me importa o porquê de vovó estar fazendo isso. Se de fato ela pagar minhas aulas, fico lá.

— Tudo bem — concordou Beatriz —, vamos morar com ela, e espero que dê certo. Vamos organizar as roupas e nossas coisas, tudo o que iremos levar e, assim que papai chegar, falaremos com ele.

Entraram em casa, Maria Tereza aproximou-se das filhas, agora ela sabia que não adiantava falar, elas não a escutariam nem seria vista. Ficou olhando-as.

"Simone parece mais animada. Vou ficar escutando-as para saber o que está acontecendo."

— Vamos ao quarto de mamãe — determinou Simone.

Foram. Beatriz abriu a janela.

— Minha irmã, nestes meses agimos como se mamãe fosse voltar a qualquer momento. Penso que já é hora de nos conscientizarmos de que nossa mãe não voltará mais, que ela morreu.

Maria Tereza estremeceu ao escutá-la.

"Meu Deus! Se ainda tinha dúvida, agora sei mesmo que morri!"

— Lembrar de mamãe morta no caixão é tão triste! — lamentou Simone.

— Foi muito triste mesmo — concordou Beatriz —, porém é real. O que não podemos é nos iludir mais. Vamos jogar estes remédios fora?

— Vamos, jogarei os medicamentos na pia, os frascos no lixo e, depois, iremos colocar as roupas do armário em cima da cama e doá-las para Rosita. Quando falarmos com o papai, vou telefonar para nossa diarista contando que iremos morar com a vovó e que é para levar as roupas de mamãe e fazer o que quiser com elas. Vou levar esta colcha, a caixa de costura e...

— Por favor — pediu Beatriz —, não pegue muita coisa. Podemos deixar o que queremos no armário e, se soubermos que papai trouxe alguém para morar aqui, então voltaremos para pegar ou, quando eu casar, levarei para minha casa.

— Está bem. Papai chegou. Vamos falar com ele?

Foram à sala. Célio estivera num bar, olhou as filhas e disse somente:

— Oi!

— Papai — falou Beatriz —, precisamos falar com o senhor. Vovó Laís nos convidou para morar com ela.

— Foram implorar novamente?

— Não, desta vez ela nos chamou, pediu para irmos — respondeu Simone.

— Vocês decidiram ir?

— Sim — afirmou a filha caçula.

— Papai — Beatriz resolveu interferir —, estamos pedindo para o senhor. Concorda?

— Se querem, não faço objeção.

— Vamos arrumar nossas coisas e iremos amanhã cedo — avisou Simone.

— Sendo assim, não preciso me preocupar com o almoço — falou Célio.

— Papai — disse a filha mais velha —, Simone e eu vamos desfazer o quarto de mamãe.

— Concordo, só não dê nada de valor.

As duas voltaram ao quarto, e Maria Tereza seguiu as filhas.

— Algo de valor! — exclamou Simone. — Ele sabe muito

bem que mamãe não tinha nada de valor, algumas joias dela, as que tinha quando solteira, ele as guardou. Vamos organizar o quarto, ou o ex-quarto, de mamãe, depois vamos arrumar nossas roupas.

— Não temos malas. O que iremos fazer? — perguntou Beatriz.

— Peça, à noite, ajuda ao Nestor; peça a ele caixas e, se possível, para seu namorado vir aqui amanhã cedo e nos ajudar.

— Vou fazer isso!

Maria Tereza ficou vendo as filhas arrumarem seus pertences, depois tomaram banho para sair. Beatriz foi se encontrar com o namorado, e Simone, com as amigas.

— Leve este dinheiro — ofereceu Beatriz à irmã —; com vovó nos ajudando, você pode gastá-lo.

Saíram.

Maria Tereza foi à sala e olhou para Célio. Ele lembrou da esposa, e ela escutou seus pensamentos.

"Casei com Tetê por interesse, fingi amá-la. Tinha, naquela época, certeza do que queria: ser rico. Tudo fiz para conquistá-la. Deu certo, ela engravidou, e seus pais nos ajudaram, porém eles nunca gostaram de mim. Meu casamento não foi o que esperava, nada é perfeito. Tive de trabalhar no curtume, e meu sogro, depois os cunhados, me cobraram serviço. Nada de moleza. Os filhos vieram, eu gastando mais que ganhava, Tetê passou a me ajudar nas despesas, principalmente com as dos filhos. Tenho me queixado de que não tenho sorte para arrumar pessoas certas para me fazer companhia e esqueço de Tetê, ela sim era honesta e trabalhadora. Sinto falta dela. Perdoou minhas traições e nunca me traiu, era meu porto seguro; mesmo separados, porém morando na mesma casa, ela me orientava, dava-me bons conselhos. Quando não sabia como agir, era só pedir conselhos a ela para escutar orientações que davam certo. Sinto agora sua falta nestas duas dificuldades que estou passando: Agi certo deixando as meninas morarem com a avó? Penso que sim, lá as duas terão vida melhor, com certeza dona Laís dará tudo o que elas quiserem. As meninas terão uma figura feminina para orientá-las. Parece que vejo Tetê falar: 'Não dê desculpas, você quer se livrar delas, não ter despesas com nossos filhos e trazer amigos e amantes para cá'. Talvez seja isto. Não tenho paciência com filhos. Será que gosto deles? Devo gostar. A segunda coisa que me preocupa é: Sinto que Jorge e Otávio estão desconfiados de mim. Jorginho foi trabalhar no setor de vendas, me informaram que é para aprender, e ele tem estado atento. Também um outro funcionário está conferindo o estoque. Ficou difícil vender e ficar com o dinheiro. Depois, Jorge tem estado muito lá, falou que quer estreitar laços de amizade com os clientes. Estou ganhando menos. O melhor mesmo é as meninas irem para a casa da avó."

Maria Tereza continuou a olhá-lo e pensou:

"Amei muito você, Célio! Quando iniciamos o namoro, julguei ser amada. Sofri com suas traições, com seu desprezo, depois me conformei e passei a me dedicar aos meus filhos. Agora, escutando-o, é que tenho a certeza de que sempre me enganou. Não se pode obrigar ninguém a nos amar, mas não se deve enganar."

"Infelizmente", continuou Célio a pensar, "sinto agora que

amei Tetê. Não queria amá-la, ela devia ser somente meu golpe do baú. Precisei perdê-la, não tê-la mais, para compreender que eu sempre a amei. Por isso estou triste!"

"*É tarde demais, Célio! Tarde demais!*", Maria Tereza olhou-o com dó.

Foi para o quarto, deixando-o sozinho.

Simone saiu com as amigas, foram à casa de Luiza para escutar músicas e conversar. Mateus foi com a namorada, que, de fato, era uma garota muito bonita. Simone não ligou; com tantos problemas, não lembrou mais de Mateus. Não ficou muito, voltou para casa. Não se sentia bem, deu desculpas para as amigas:

— Tenho de levantar cedo amanhã. Iremos, Bia e eu, nos mudar para a casa da vovó.

Assim que chegou em casa, foi deitar e pensou:

"Aquele vazio que senti no peito, a falta de algo que me dava até falta de ar, passou, porém me sinto tão cansada, exaurida, que quero somente ficar deitada. Não me queixei e até saí para não preocupar mais a Bia. Mas a minha vontade é ficar deitada. Tomara que eu melhore."

Orou e dormiu.

Beatriz saiu com Nestor, contou a ele da conversa com a avó.

— Não sei se tomamos a decisão certa. Estou fazendo isso por causa de Simone, minha irmã precisa de atenção, como o médico recomendou, e de não ficar sozinha. No lar de vovó, ela terá mais o que fazer, atenção e alimentação no horário certo.

— Gostei de você não precisar mais trabalhar. Terá mais tempo para mim — comentou Nestor.

— Infelizmente, continuarei a estudar à noite. Penso que será difícil transferir agora e também que terei dificuldades para acompanhar as matérias.

— Logo terminará o ano letivo — consolou Nestor. — Fico mais tranquilo com vocês duas morando com sua avó. Quer ajuda para a mudança?

— Quero! Obrigada! Será que você não nos daria algumas caixas para colocarmos nossos pertences?

— Claro!

Planejaram. Nestor levaria as caixas no outro dia, domingo, pela manhã, e depois, às dez horas, ajudaria a levar os pertences das duas para a casa da avó.

Nestor, interessado realmente em se casar com Beatriz, procurou saber de sua família. Soube que Laís era ótima pessoa e por isso gostou da ideia de a namorada ir morar com ela.

"Beatriz é muito bonita", pensou ele. "Quero-a bem. Queria amá-la mais. Ela merece! Prometo a mim mesmo cuidar muito bem dela."

Levou-a para casa mais cedo. Quando Beatriz chegou, encontrou a irmã dormindo. Estava esperançosa.

"Tomara que dê certo! Quero a Si feliz!"

Deitou-se e logo adormeceu.

16º CAPÍTULO

A mudança

Maria Tereza, ao ficar sozinha, pensou em sua vida.

"Com Si e Bia morando com minha mãe, vou ficar muito sozinha aqui. Célio não para em casa; Rosita, como meu ex-marido já determinou, virá somente uma vez por semana. Tenho medo de sair daqui e não quero ir com minhas filhas para meu antigo lar."

Estava se sentindo muito triste e orou. Viu sua filha caçula chegar, observou-a e percebeu que, de fato, sem a maquiagem, ela estava pálida e magra.

"Por que será que ela se sente tão cansada? Estará mesmo somente com anemia? Terá minha filhinha outra doença? Se não for nada grave, mamãe a ajudará a sarar. Com certeza a fará se alimentar. Alimentos? Estou com fome? Como faço para comer? Definitivamente, não sei viver sem o corpo físico."

Escutou Beatriz chegar. Ficou no seu quarto e se sentou na beiradinha da cama, porque tanto o seu leito como a poltrona estavam com muitas roupas, objetos que as filhas tinham arrumado para doar e outros que levariam na mudança. Chorou baixinho.

"Meu Deus! O que será de mim? Como viver aqui sozinha? Por que fui sair daquela casa que me abrigou? Como faço para voltar? Ajude-me, Deus!"

Seu pedido era sincero e, de repente, lembrou:

"Ana Clara! Ela foi tão boa comigo. Vou rogar a ela. Quem sabe ela não me escuta? Ana Clara, por Deus, ajude-me! Socorra-me!"

Ficou por minutos orando e pedindo.

— Maria Tereza!

Tetê abriu os olhos e olhou para quem falou.

— Ana Clara! Ajude-me! Por favor! Sei que agi errado saindo do abrigo daquele modo. Minha filha me chamou, e eu vim.

A socorrista sorriu amorosamente, não criticou, compreendeu, estendeu as mãos para ela. Maria Tereza segurou-as com força.

— *Vamos!* — convidou Ana Clara.

— *Desta vez, para mim, será realmente a mudança!* — exclamou Maria Tereza esperançosa.

Ana Clara volitou com ela para o posto de socorro.

No outro dia, Beatriz acordou no horário de costume, acordou a irmã, e as duas fizeram o café, tomaram e lavaram a louça. Célio levantou-se e tomou seu desjejum.

— Vocês vão hoje para a casa de sua avó? — perguntou Célio.

— Sim, agora de manhã — respondeu Beatriz.

— Vou sair, irei a uma festa, voltarei à noite. Vão com Deus e, se não der certo e quiserem voltar, é só me avisar. Venham me visitar.

A intrusa

— Sim, viremos visitá-lo. Tchau, papai! — Simone se despediu.

Célio saiu da cozinha e logo depois as duas o ouviram sair de casa.

— Nunca vi ninguém tão indiferente! — exclamou Simone sentida.

— O melhor é deixá-lo para lá — aconselhou Beatriz. — Temos muitas coisas para fazer. Quem sabe papai ficando sozinho não sentirá nossa falta?

— Papai não ficará sozinho, logo estará com outra namorada. Mas isto não me importa. Se der certo morarmos com vovó, quero esquecer que tenho pai — determinou Simone.

Foram arrumar as roupas que levariam. Minutos depois, Nestor tocou a campainha, trouxera as caixas.

— Obrigada, Nestor! — Beatriz agradeceu.

— Às dez horas passo aqui para levá-las.

As garotas colocaram em caixas as coisas da mãe que queriam levar, depois foram organizar seus pertences.

— Bia — falou Simone —, sinto esta casa triste, aqui nunca mais foi como antes, quando mamãe estava viva. Estou contente por ir embora.

— Eu também! — exclamou Beatriz.

Pontual, Nestor veio ajudá-las. Colocaram algumas das caixas no carro, e então perceberam que teriam de fazer duas viagens. Simone foi com ele, e Beatriz ficou para ir da outra vez.

Laís estava ansiosa esperando-as, já tinha ido aos quartos e verificado se tudo estava arrumado pelo menos umas quatro vezes. Alegrou-se ao vê-los chegar.

— Vovó, este é o namorado da Bia — a garota apresentou-o.

202

Laís foi muito simpática com ele e ajudou a carregar as caixas.

— Agora vou buscar Bia — falou o moço.

Nestor voltou para pegar as caixas restantes e a namorada.

— Si querida — falou Laís —, fique à vontade. De agora em diante, esta casa é sua.

Quando o casal de namorados chegou, Laís convidou-o:

— Almoce conosco!

Ele aceitou, foi embora e ficou de voltar para almoçar. Laís fez de tudo para agradá-las e estava tão contente que acabou contagiando as garotas.

O almoço foi muito agradável. Laís foi muito simpática com Nestor, e isto agradou as meninas.

Beatriz saiu à noite com o namorado, e Simone ficou com a avó assistindo televisão, então planejaram o que fariam no dia seguinte. Quando Beatriz chegou, Simone, entusiasmada, contou a ela o que haviam combinado, das compras que fariam e que iriam às escolas.

— Bia — pediu Laís —, converse no seu emprego amanhã mesmo e saia logo que for possível.

Animadas, foram para seus aposentos. As irmãs teriam quartos separados, que eram grandes e bem mobiliados.

"Simone vai sarar!", pensou, esperançosa, a filha mais velha de Maria Tereza. "Tenho certeza de que, com os cuidados de vovó, ela vai se curar! Nestor gostou de vovó e está mais tranquilo com nós duas morando aqui, ele se preocupa tanto comigo... É um amor! Infelizmente, ainda sinto que em nossa relação falta algo. Será que não o amo? Quero amá-lo, preciso gostar mais dele. Ele merece!"

Dormiram contentes e, normalmente, quando isso ocorre, acorda-se entusiasmado. Laís preparou o desjejum, queria agradá-las para que elas gostassem de morar ali e não quisessem ir embora.

Simone foi para a escola; Beatriz ainda ficaria mais um pouquinho, a casa da avó, da loja, era perto..

— Bia — disse Laís —, quero que se sinta à vontade. Convide Nestor para vir aqui em casa, mesmo sendo mais tarde, quando ele buscá-la na escola. Podem entrar ou namorar na varanda, na sala, ir à cozinha lanchar... Quero, meu bem, que se sinta bem aqui, pois esta é a casa de vocês. Vou hoje à tarde matricular Si nos cursos e quero que você também volte a estudar.

Beatriz não respondeu, mas, pelo sorriso que deu, Laís compreendeu que a neta estava satisfeita. De fato, a garota estava contente, mas era mais pela irmã, sabia o tanto que era importante para Simone voltar a dançar.

A mocinha foi trabalhar, cumprimentou o namorado, e este percebeu o tanto que ela estava alegre. Beatriz, assim que chegou à loja, foi falar com Ana Maria, sua patroa, sobre sua decisão.

— Vamos sentir sua falta — falou Ana Maria —, porém estou contente por você. Como sabe, Selena voltará na quarta-feira de sua licença-maternidade. Não tinha intenção de demitir ninguém, já estava me preparando para as vendas de Natal. Venha somente mais amanhã.

Contou para as colegas, que ficaram contentes por ela.

Quando Simone chegou da escola, encontrou o almoço pronto com os alimentos que gostava. Almoçou junto com a avó. A garota, conversando, alimentou-se bem.

"Logo estará sadia", pensou Laís. "Vou também ao médico com ela."

Almoçaram e saíram. Foram primeiro à escola de dança, Simone estava tão contente que teve vontade de pular. Acertaram os horários. Laís pagou a matrícula e comprou as roupas e sapatilhas que a escola vendia.

— Agora — falou Laís —, com os horários de balé acertados, vamos à escola de idiomas.

Simone voltaria no dia seguinte às aulas de inglês e espanhol. Depois, foram às lojas, e Laís comprou para a neta sapatos, roupas etc.

"Como é bom fazer quem amamos feliz. Posso fazer estes mimos, tenho dinheiro, mas, se não tivesse, o afeto daria resultado positivo. O amor faz a diferença!"

Estava tão contente quanto a neta.

Preparou o jantar. Armando chegou e, só de ver a amiga, percebeu que ela estava diferente, contente.

— Este é Armando — Laís apresentou-o à neta —, ele foi amigo de juventude de sua mãe. Morou anos em outras cidades, voltou recentemente para cá e tem vindo me visitar.

Simone gostou dele, e o jantar foi harmonioso. Depois, foram conversar na sala de estar.

— Então o senhor é espírita? Como o senhor acha que devemos tratar nossos mortos? — perguntou a garota.

— Ele chama os mortos de desencarnados — Laís se intrometeu para explicar.

— Quando nosso corpo físico morre — elucidou Armando —, não mudamos nossa personalidade, continuamos a ser os mesmos, amando as mesmas pessoas. Quando queremos bem verdadeiramente, desejamos que aquele que amamos esteja feliz, independente de estar ou não longe de nós. O que deseja para sua mãezinha?

— Que mamãe esteja bem e feliz! — respondeu Simone.

— Você acha que ela estaria bem se você não estivesse?

— Se minha mãe pudesse me ver, não estaria, porque ela me amava.

— Não é melhor dizer "ama"? — Armando tentou esclarecer. — Tetê os amava e os continua amando.

— Se ela nos quer feliz, é isto que eu também devo desejar a ela — concluiu Simone.

— Com certeza — falou Armando. — Quando amamos, independentemente do tempo e do espaço, devemos querer que nosso ser amado esteja em harmonia. Uma coisa que ajuda muito é: não chamar pelos desencarnados, não pedir nada a eles e deixar que se adaptem à vida no plano espiritual. Também desejar a eles que estejam bem e pedir para não se preocuparem com a gente. Devemos nos esforçar para viver de tal modo que eles realmente não precisem se preocupar conosco.

— Eu... não sabia... Estive chamando pela... mamãe — Simone gaguejou.

— O importante é não chamar mais — Armando tentou consolá-la. — Ore por ela, deseje de coração que sua mãezinha esteja feliz, sadia e morando num local lindo. Vamos tentar? Vamos fazer uma prece a ela desejando isto?

— Vamos, sim — concordou Laís. — Você, Armando, ficou de me ensinar a fazer o Evangelho no Lar.

— Podemos marcar o dia.

— Gostaria que minha irmã estivesse aqui para escutá-lo — falou Simone. — Penso que não serei capaz de repetir o que ouvi para ela.

— Que tal sábado à tarde? — perguntou Laís.

— Perfeito. Às dezesseis horas. Está bem?

Como todos concordaram, Armando fez a prece.

— Deus nos abençoe hoje e sempre! Maria Tereza, lembre-se de que nós a amamos. Como você se preocupa conosco, nós também nos preocupamos com você. Queremos lhe desejar o que você deseja a nós: que esteja tranquila e muito feliz. Aceite, minha querida amiga, o que está lhe sendo oferecido, o socorro para o descanso de seu espírito pelas tribulações do período encarnado. Ore sempre e lembre: o amor, como a vida, continua. Pai nosso...

Laís enxugou o rosto, estava emocionada. Simone prestou muita atenção e exclamou:

— Sem dúvida, é a prece mais bonita que já ouvi! Vou tentar repeti-la. De agora em diante, não chamarei mais por mamãe, somente pensarei nela sadia e alegre.

Armando, percebendo que as duas estavam cansadas, despediu-se. Vó e neta foram para seus quartos. Simone queria esperar pela irmã acordada para lhe contar as novidades e mostrar os presentes que havia ganhado. Acabou dormindo.

Nestor buscou Beatriz na escola, levou-a para casa. A garota chegou em casa, viu a luz acessa no quarto da irmã, abriu a porta e a viu dormindo vestida, as roupas novas e muitos outros objetos espalhados pela poltrona e cômoda. Beijou-a e apagou a luz.

"Com certeza Simone queria me esperar e acabou dormindo."

Foi para o seu quarto e dormiu também.

No outro dia, quando a avó chamou Simone, ela levantou-se animada e rapidamente foi para o quarto da irmã.

— Vovó me matriculou nos cursos, vou fazer aulas extras de balé! Ganhei roupas! O senhor Armando me explicou como devo agir com mamãe! Ele era colega dela!

— Calma, Si! — pediu Beatriz interrompendo-a. — Fale devagar, não estou entendendo.

— Venha ao meu quarto; enquanto me arrumo, vou falando. Quero tanto lhe contar!

Laís ficou contente com o entusiasmo da neta e, da cozinha, preparando o desjejum, escutou Simone contar à irmã o que fizera no dia anterior.

Foram tomar café, e a caçula de Maria Tereza falando sem parar. Aproveitando que Simone comia um pedaço de bolo, Beatriz contou:

— Vou trabalhar somente hoje, acertei tudo com dona Ana Maria.

— Excelente! — exclamou Laís. — Amanhã você se matriculará nos cursos de inglês e espanhol.

Simone saiu correndo para ir à escola, Beatriz foi arrumar o quarto da irmã e depois foi trabalhar.

O dia transcorreu tranquilo, Simone foi ao balé e à aula de inglês, estava entusiasmada e se alimentou bem. Novamente, não conseguiu esperar pela irmã acordada.

Beatriz convidou Nestor a entrar um pouquinho quando ele foi buscá-la na escola.

— Sei, querido, que você se levanta cedo, eu vou poder acordar mais tarde.

Nestor e ela ficaram sentados nas poltronas na varada por alguns minutos. Nunca estiveram antes sozinhos. Beatriz pensou que ele fosse beijá-la; ele, porém, receou que a dona da casa pudesse os estar observando. Despediram-se A jovem ficou decepcionada com o namorado. Cansada, foi dormir.

Os dias seguintes foram de entusiasmo e muito o que fazer. Apesar de Beatriz ter dito que não queria roupas, as três saíram, e Simone a fez comprar. Organizaram horários, e Beatriz se matriculou em cursos. Júnior ficou muito contente em saber que as irmãs estavam bem instaladas e, com sinceridade, demonstrou esta alegria, agradeceu à avó e repetiu muitas vezes que ela era a pessoa mais importante em sua vida. O moço sabia que, falando assim, incentivava a avó a cuidar de suas irmãs, mas realmente a amava.

Beatriz, alegre, contou as novidades para o namorado. Ele não gostou.

— Por que, Bia? Fazer esses cursos? Por quê?

— Sempre é bom ter conhecimento, sempre gostei de estudar — respondeu ela.

— Não precisará deles. Por que não aproveita para aprender a cozinhar com sua avó? A cuidar da casa?

— Não trabalhando na loja, tenho muito tempo livre. Vou aprender também a cozinhar.

Nestor ficou aborrecido e se despediu friamente naquela noite. Beatriz se entristeceu, não conseguiu entender a reação do namorado.

No sábado à tarde, as três aguardaram por Armando. Beatriz, de tanto as duas falarem, queria conhecê-lo.

A intrusa

Armando veio com Verônica, trouxera a namorada para a amiga conhecer. Apresentaram-se. Simpatizaram uma com a outra. Pareciam que todos eram amigos de longa data.

— Como combinamos — falou Armando —, vim aqui para fazer com vocês o Evangelho no Lar. Vamos nos sentar confortavelmente. Um de nós lerá um ensinamento de Jesus. Pode ser um texto de um dos quatro evangelistas ou, como costumo fazer, ler uma página deste livro: *O Evangelho segundo o espiritismo*, de Allan Kardec. O ideal é fazer uma vez por semana em dia e hora marcada e, começando pelo início do livro, para estudá-lo todo. Mas hoje vou pedir para Simone abrir o que iremos ler.

Entregou o livro à garota, que o abriu e devolveu. Armando olhou e mostrou para Verônica o que ler. A moça leu com voz agradável.[12]

— "Buscai e achareis. Pedi e se vos dará, buscai e achareis; batei à porta e se vos abrirá; pois todo aquele que pede recebe, e quem procura acha, e se abrirá que bater à porta... Do ponto de vista terreno, o ensinamento: buscai e achareis, é semelhante a este: Ajuda-te, e o céu te ajudará. É o fundamento da lei do trabalho e por conseguinte, da lei do progresso, uma vez que o progresso é filho do trabalho, e que põe em ação todas as forças de inteligência do homem. Na infância..."

Quando Verônica terminou de ler o que foi recomendado, Armando falou:

— Às vezes julgamos que Deus esqueceu de nós, mas isto não acontece. Ou pensamos que Ele sabe o que precisamos, por isso não devemos rogar por nada. Porém, pedir é criar

---

12. N. A. E.: A página foi aberta no capítulo 25, e foram lidos os itens de um a cinco.

210

dentro de nós um ambiente propício para que Deus atue sobre nossas vidas. Devemos ter uma atitude de receptividade para recebermos as graças do Pai.

Armando fez uma pausa e perguntou:

— Alguém quer fazer algum comentário?

— Eu me sentia perdida — falou Simone. — Penso que fui achada. Lembro agora de um dos ensinamentos de Jesus: é sobre um homem que possuía cem ovelhas, uma delas se perdeu, ele foi procurá-la e a encontrou. Sentia ser esta ovelhinha perdida.

— Isto é bom! — comentou Armando. — Não se sinta mais perdida. Deus não somente ama à humanidade, mas a cada ser em particular. Tem por cada um de nós um interesse especial e cuida de cada um como se os outros não existissem.

— Quando vovó — disse Beatriz — nos convidou para morar aqui, nos pediu desculpas, mas não respondemos. Penso que agora é o momento de eu responder: está desculpada!

Laís se emocionou, enxugou o rosto porque as lágrimas teimaram em escorrer.

— Quis muito escutar isso. Si, você também me desculpa?

— Sim, vovó. Penso que tudo foi um equívoco. Estivemos equivocadas, perdidas, encontramo-nos, e Deus nos uniu. Estava sofrendo e fui aliviada. Desculpo-a e também quero me desculpar. Fui impulsiva.

As três se abraçaram, e todos se emocionaram.

Beatriz sentiu vontade de continuar com o grupo, mas havia marcado um encontro com o namorado, por isso agradeceu e se despediu.

— Agora faremos uma oração — falou Armando. — Vamos agradecer a Deus por tudo o que recebemos, que estamos desfrutando; a Jesus pelos seus belos ensinamentos; aos bons espíritos que têm nos orientado... Vamos nos encher de boas energias pensando numa luz clara, linda, vinda das mãos de Jesus nos abençoando. Agora, cheios desta luz, vamos pensar nos nossos entes queridos que mudaram de plano, foram viver na espiritualidade, que eles recebam nosso abraço carinhoso, nosso amor, e desejemos que eles estejam muito mais felizes que nós.

Armando calou-se por um instante e pensou, como costumava, em sua esposa, filha e, naquele momento, em Maria Tereza. Verônica lembrou-se do ex-noivo. Laís, do esposo e da filha, e a garota, de sua mãezinha.

— Dona Laís — disse Armando —, terminamos, espero que tenha gostado.

— Sim, foi uma prece maravilhosa. Por favor, faça conosco o Evangelho mais algumas vezes até que aprendamos — pediu a dona da casa.

— Será um prazer — respondeu Armando.

Laís convidou as visitas para tomar um lanche.

Tomaram o café conversando. Simone, curiosa, quis saber mais sobre a Doutrina Espírita.

— Senhor Armando, então, quem pode conversar com os mortos, ou seja, desencarnados, não é louco? O espiritismo entende isso como algo normal?

— Sim, esse fenômeno é possível, explicado, isto ocorre porque existem pessoas sensíveis capazes de perceber aqueles que vivem no plano espiritual. Nós os chamamos de "médiuns", ou seja, intermediários entre um plano e outro. São pessoas perfeitamente normais e, quando são úteis com esta faculdade, normalmente são harmoniosos, equilibrados e felizes.

— Penso que posso ver, ou melhor, falar com os espíritos — falou Simone baixinho.

— É somente você aprender que tudo transcorre com tranquilidade — esclareceu Verônica.

— Estou com vontade de aprender! — exclamou a garota.

— Poderei ajudá-la — ofereceu-se Armando.

— Posso ir ao centro espírita para ver como é? — perguntou Simone.

— Claro. O dia que quiser passo aqui para levá-la. Assistirá a uma palestra e tomará um passe.

— Vamos, vovó? — a mocinha se entusiasmou.

— Sim, querida.

Combinaram. Armando as levaria ao centro espírita e depois as traria de volta.

Despediram-se.

— Venha outras vezes nos visitar — pediu Laís a Verônica. — E você meu amigo, está combinado, todas às segundas-feiras jantará conosco.

O casal foi embora, e Simone exclamou:

— Gostei dele! Bem que ele poderia ser meu pai!

Riram.

"Que bom que mudamos para cá!", pensou a garota.

Simone saiu, foi se encontrar com as amigas. Laís estava aliviada.

— Como é bom se sentir perdoada! É maravilhosa a reconciliação! Que bom tê-las aqui comigo! — exclamou contentíssima.

Beatriz foi esperar o namorado no portão. Entusiasmada, contou a ele que conheceu um amigo de sua mãe e da leitura que fizeram.

— Espiritismo? Não gosto disto! Sei que os espíritas fazem muitas caridades, mas eles afirmam que falam com os mortos. É melhor você não participar mais desses encontros. Começo a pensar que não está sendo bom você ter ido morar com sua avó.

Beatriz teve de se esforçar para ficar bem com o namorado e se sentiu aliviada quando ele a trouxe para casa.

17º CAPÍTULO

Orientações

Ana Clara levou Maria Tereza ao posto de socorro.

— *Puxa!* — exclamou Maria Tereza — *Como viemos rápido. Como isso acontece?*

— *Este processo se chama "volitação". Basta saber para usá-lo.*

— *Quero aprender!*

— *Quando queremos, as oportunidades aparecem e aprendemos* — afirmou Ana Clara.

A socorrista deixou-a acomodada novamente num quarto. Maria Tereza adormeceu tranquila. No outro dia, Ana Clara informou-a:

— *Às duas horas da tarde você irá para uma colônia, é uma cidade na espiritualidade, onde poderá estudar e aprender como se vive desencarnada. Irá gostar, lá é lindíssimo.*

Maria Tereza sentiu um frio na barriga.

"Medo do desconhecido", pensou ela. *"Com certeza, quem já sabe o que irá encontrar quando seu corpo físico morrer não se assusta como eu."*

Aguardou ansiosa. Admirou-se com o transporte que a levaria juntamente com outros desencarnados à colônia. Foi

A intrusa

lhe explicado que era um aeróbus, um veículo usado no plano espiritual. Admirou-se com a viagem e, quando chegou à colônia, se encantou; quando percebeu, estava de boca aberta e olhos arregalados. Era muita beleza.

Foi conduzida para uma moradia. Um casa singela com muitas plantas. Ali, como lhe havia sido explicado, residiria por alguns meses, até ir para o alojamento da escola onde estudaria. Moravam oito pessoas, todas simpáticas e solícitas. Seu quarto era arejado, confortável, o mobiliário era uma cama, poltrona, escrivaninha e um pequeno armário.

— *Aqui* — explicou Manoela, uma moradora da casa — *é seu espaço. Ainda terá sono e poderá descansar nesse confortável leito; a escrivaninha é para seus apontamentos e estudos; pode ler confortavelmente na poltrona; e, no armário, há algumas roupas que poderá usar ou não.*

Foi tratada com muito carinho e logo se sentiu em casa. As tarefas eram divididas e ali estavam sete recém-chegados. Manoela era a responsável pela casa.

Quando Maria Tereza pensava nos filhos, os sentia tranquilos, e isto a levava a se tranquilizar. Na segunda-feira à noite, recebeu, de sua caçula, da mãe e de Armando uma energia benévola que a fez se sentir amada e lembrada.

"Sim, meus queridos", pensou emocionada e decidiu: *"vou ficar como vocês querem: bem!"*

Manoela os levou para conhecer a colônia. Maria Tereza e os companheiros admiraram o local, que era deveras encantador. Tinham muito o que fazer: as tarefas da casa, cuidar das plantas e participar do Evangelho no Lar, que faziam todas às tardes às dezoito horas. Saíam em excursões para conhecer a cidade espiritual e liam. Na casa tinha uma estante

216

na sala com livros. Manoela incentivava-os a ler. E o primeiro livro que Maria Tereza leu foi *Renúncia*, que os encarnados têm também oportunidade de ler. É um romance psicografado por Francisco Cândido Xavier, escrito por Emmanuel. Ela chorou em algumas partes. Achou lindíssima a história de Alcioni, que renunciou à vida maravilhosa que tinha para encarnar e auxiliar pessoas que amava. Preferindo romances, Maria Tereza dedicou seu tempo livre à leitura.

Foi, para a recém-chegada, uma feliz surpresa receber a visita de seu pai. Abraçaram-se emocionados.

— *Filha querida, soube de sua desencarnação, porém não estou em condições de ajudar, sou um aprendiz. Ainda estou em condição de socorrido. Se fosse até você, poderia querer ficar junto à família. Somente pode socorrer aquele que não precisa mais de auxílio. Orei por todos, roguei para você ter vontade de pedir auxílio. Vamos agora nos ver sempre. Trabalho, faço tarefas simples e estou aprendendo a viver na espiritualidade.*

— *O senhor também se confundiu quando desencarnou?* — perguntou Maria Tereza.

— *Sim. Perturbei-me com minha passagem de planos. Sofri e, quando fui socorrido, aceitei, fui grato e tenho me esforçado para viver do melhor modo possível no plano espiritual. Espero, minha filha, que você não retorne mais à sua casa terrena. Com certeza agora nossa família ficará melhor. Deus enviou Armando (para mim, um anjo) para ajudá-los. Laís está agindo agora corretamente, e seus filhos estarão seguros com ela.*

— *Papai, o senhor sabe por que Júnior e mamãe se gostam tanto?*

— Tive também essa curiosidade e indaguei um orientador, que verificou para me esclarecer. Laís e Júnior são espíritos que, por muitas reencarnações, estiveram juntos: já foram marido e mulher, mãe e filho e agora avó e neto. Os dois sempre se entenderam, são afins, um sempre protegendo o outro, aprenderam a se amar verdadeiramente, aquele amor em que se pensa mais no outro que em si mesmo.

— *Isso é bonito!* — exclamou Maria Tereza.

— *É o que nós deveríamos sentir por todos. Amar nosso semelhante como a nós mesmos. Amar a Deus no outro como amamos Deus em nós.*

— *Nossa, papai! O senhor está mudado!* — ela se admirou.

— *Tenho estudado e anseio por aprender. Desejo viver melhor e com mais conhecimento.*

O encontro foi comovente e combinaram de se ver sempre que possível.

Depois de duas semanas que estavam ali, Manoela os convidou:

— *Hoje, vocês irão a um local que faz parte da escola para uma reunião que, com certeza, será muito proveitosa.*

A orientadora da casa os acompanhou. Foram à escola, já tinham conhecido esse local de aprendizado; lá, dirigiram-se a uma sala reservada e se sentaram em círculo.

— *Sou Luís Cláudio* — apresentou-se o orientador —, *vamos conversar. Pergunto a vocês: o que querem conversar ou saber?*

— *Eu* — falou Marília — *gostaria de saber mais sobre o local que estamos e quando iremos aprender a viver sem o corpo carnal.*

— *Meu assunto preferido é a desencarnação* — opinou Márcio.

— *Logo* — disse Luís Cláudio — *vocês irão estudar, participarão de cursos em que terão amplos conhecimentos do plano espiritual e, aos poucos, aprenderão a viver com esse corpo, perispírito, que usamos agora. Vamos falar sobre desencarnação. Penso que, como quase todos os recém-chegados à colônia, querem sanar dúvidas como: "O que ocorreu comigo?". Quem quer falar? Dar o depoimento do que aconteceu após a morte do corpo físico?*

Os componentes do grupo estavam tímidos, pareciam envergonhados por ter dúvidas, não saber. Maria Tereza tinha várias perguntas para fazer, queria saber sobre muitas coisas que tinham acontecido com ela. Levantou a mão, foi convidada a falar e contou:

— *Era casada, porém estávamos separados, embora vivêssemos na mesma casa; tenho três filhos, o mais velho estuda em outra cidade. Fiquei doente, tive um acidente vascular cerebral e então nossa vida mudou. Como não pude mais trabalhar e as despesas aumentaram, as meninas tiveram de sair de cursos que frequentavam. A mais velha foi estudar no período noturno para cuidar de mim e da casa. Piorei, fui novamente internada e desencarnei. Sei disto agora porque, para mim, foi como se tivesse sido hospitalizada e, de repente, estivesse em casa. Minhas filhas deixaram meu quarto como era, nem tiraram os remédios. Isto contribuiu para a confusão?*

— *Certamente* — respondeu Luís Cláudio —, *suas filhas deixando o lar como era, seus pertences sem mexer, deram-lhe a sensação de que tudo continuava igual. O melhor é doar sempre o que não se necessita mais para quem precisa. Talvez você, vendo sua casa modificada, desconfiasse que não fazia mais parte dela. Porém, é possível que desencarnados como você plasmem o que desejam, que se iludam de tal forma que vejam a casa, o local em que estiverem, como querem. A atitude delas contribuiu para você se sentir mais confusa.*

— Agora é que entendo que foi um período perturbador — continuou Maria Tereza contando. *— Quando percebi, estava no meu lar. Calculo que se passaram três meses do meu falecimento, quando achei que saíra do hospital. Luís Cláudio, como fui para lá? Como voltei à minha casa?"*

— Você desencarnou na U. T. I. — respondeu o orientador. *— Socorristas, tarefeiros do hospital, desligaram seu espírito do corpo físico que teve falência dos órgãos, isto é, morreu. Com certeza você foi levada para um posto de socorro, que existe em quase todos os hospitais, mas, sentindo-se melhor, foi para sua casa.*

— Volitei? — perguntou a filha de Laís.

— Sim, podemos volitar pela vontade, fazê-lo sem entender como, e muitos o fazem, principalmente os desencarnados que ainda não têm consciência de que mudaram de plano. Para ter domínio da volitação, necessita aprender e, quando aprendemos, podemos ir a muitos lugares volitando.

— Eu — disse Elizete *— saí do posto de socorro e fui para meu ex-lar volitando; depois, quis muito voltar ao posto e não consegui.*

— Como quis muito voltar ao seu lar que era conhecido por você, conseguiu volitar até ele, não conseguiu retornar porque o posto de socorro não lhe era conhecido, não sabia localizá-lo. Para volitar a todos os lugares tem de aprender a dominar, direcionar esta vontade para fazê-lo com segurança e conhecimento.

— *Encarnados volitam?* — Alfredo quis saber.

— *Sim, volitam* — respondeu o orientador. — *Podem fazê-lo pela vontade ou sabendo. O encarnado tem seu períspirito ligado ao corpo por um cordão, então ele volita sem se preocupar com a volta, porque isto sempre acontece, o cordão o faz retornar ao corpo físico. Quem aprendeu pode ter o conhecimento adormecido na carne, mas ele está no seu íntimo. Certamente, quando eu reencarnar, volitarei e, quando desencarnar novamente, espero fazê-lo com facilidade, porque, para aquele que aprendeu pelo estudo e consolidou no trabalho, este conhecimento torna-se real, é dele para sempre. Continue falando de si, Maria Tereza, por favor.*

— *Na minha casa, agi como encarnada. Muitas coisas haviam mudado, mas não reparei. Despediram a enfermeira, não tomava banho, dormia muito. Notei que minha filha caçula me entendia mais do que os outros e passei a ficar mais perto dela. Agora estou entendendo que, quando ela estava dormindo, conversávamos mais. Eu não falava, pensava, e ela entendia. Também conversei com Armando e com Luciene, a namorada do meu ex-marido. Isto é possível?*

— *Sim, é* — respondeu Luís Cláudio. — *Encarnado, quando adormece, seu espírito pode sair do corpo e ficar como nós agora, usando o corpo perispiritual: pode volitar, ir a muitos lugares, conversar com outros encarnados e com desencarnados. Às vezes o cérebro físico confunde esses encontros, compara o que ouviu e viu com o que ele conhece. Esses encontros são relatados como sonhos. A maioria das pessoas não se lembra de nada, poucos se recordam com fidelidade. Pode-se sentir, ao acordar, sensações como: "Fu-*

lano não está bem", "Cicrano está feliz", "isso dará certo ou não" etc. Luciene, dormindo na sua ex-casa, com certeza saía do corpo, e vocês duas se viam. Armando, conheço-o porque tenho ido ao centro espírita que frequenta e o vejo sempre; com certeza foi visitar você, a amiga de juventude. O corpo físico dele dormiu, ele foi à sua casa, conversaram e, quando acordou, sentiu que estava necessitada de auxílio, que deveria pedir ajuda para você. Sua filha deveria fazer o mesmo: o corpo carnal adormecia, ela saía e ia vê-la. A garota sabia, em espírito, que você estava ali e, quando acordava, a sentia perto, sabia que não estava ausente. Com certeza sua caçula tem mediunidade em potencial para senti-la. Voltemos ao seu relato.

Maria Tereza não se fez de rogada e continuou a narrar:

— *Ana Clara, a trabalhadora do posto de socorro do centro espírita, me contou que foi realmente Armando quem pediu auxílio para mim. A equipe de socorristas foi me buscar em casa e me levou para uma reunião de orientação a desencarnados. Eles me ajudaram a falar, fiquei tão entusiasmada que nem percebi onde estava, pensei que era um hospital, não quis saber de nada, só de retornar ao meu lar e contar a todos de minha melhora. E voltei. Como nos iludimos quando queremos! Ao retornar novamente à casa que foi por anos minha residência, percebi que ninguém me via ou ouvia, comecei a pensar que estava sonhando ou enlouquecida. Como me sentia melhor perto de Simone, fiquei mais ao seu lado. Minha filha, que já estava adoentada, piorou. O médico constatou anemia, mas não era somente isto, ela estava desanimada, triste, cansada, magra e pálida. Preocupada, orei com muita fé, roguei a Deus para minha filha sarar e, então, sem entender, fui novamente para o centro espírita.*

— *Foi novamente lhe oferecido o socorro* — opinou Luís Cláudio.

— *Eu era a causa de Simone estar daquele modo?!* Adoentada?! — admirou-se Maria Tereza.

— *Infelizmente, sim* — respondeu o orientador. — *Quando uma pessoa desencarna e fica iludida, pode ser que, permanecendo em seu antigo lar, possa trocar energias com os encarnados ou sugá-las de alguém com mais intensidade e prejudicá-lo.*

— *Isso se chama "vampirismo"?* — perguntou Márcia.

— *É* — Luís Cláudio elucidou. — *Conta a lenda do vampiro que ele sugava sangue, ou seja, energia de outras pessoas, e que não morriam, já estavam mortos, ou seja, desencarnados. Eram afugentados com cruz e água benta; de fato, alguns espíritos temem estes objetos. Somente esqueceram-se de que é a oração, o socorro e o esclarecimento que os libertam. Não gosto de usar o termo "vampirismo", prefiro dizer que são necessitados de orientação, de auxílio. Essa sucção de energias se dá de dois modos. Uma delas é inconsciente, como ocorreu com você, Maria Tereza, e penso que também com alguns outros nesta sala, que desencanaram, se iludiram voltaram para seus lares e, sem perceber, entender, sugavam energias de pessoas. Quando isso ocorre com vários encarnados, eles não sentem tanto, confundem cansaço e tristeza com a perda energética. Porém, quando ocorre com uma pessoa somente, normalmente ela sente mais. Com certeza você, Maria Tereza, ficando mais perto, por afinidade, de Simone, porque ela conseguia sentir sua presença, sugava as energias de sua caçula e, ao mesmo tempo, ela captava as suas.*

Maria Tereza chorou baixinho. Luís Cláudio lhe ofereceu

um lenço e a olhou com tanto carinho que ela se acalmou e exclamou sentida:

— *Como se age indevidamente quando não sabemos! Eu estava tão preocupada com a doença de minha filha e era a causa dela!*

— *Dificilmente é aceita a desculpa de não se saber* — falou o orientador. — *Sempre temos oportunidades de entender, conhecer, que, muitas vezes, são recusadas.*

— *Você tem razão* — concordou Maria Tereza. — *Tinha uma freguesa que era espírita, e ela tentou algumas vezes falar comigo sobre sua doutrina, sobre desencarnação, mas não dava atenção e mudava o rumo da conversa. Tinha também amizade com uma freguesa budista e, infelizmente, agi do mesmo modo, não quis saber nada sobre morte, desencarnação.*

— *Luís Cláudio* — manifestou Abelardo —, *você falou que existe outra forma de vampirizar, ou seja, sugar energias. Explique, por favor. Porque eu sabia, depois de um tempo vagando, que desencarnara, do meu estado; fiquei na casa de minha filha e sabia que me nutria das energias deles, dos moradores daquele lar, genro e netos.*

— *Sim, isso é possível, sugar energias conscientemente, e até se aprende como fazê-lo. Infelizmente, vemos encarnados alcoólatras que estão sempre acompanhados de desencarnados que ainda cultivam este vício, podemos ver também os toxicômanos com outros afins. Muitos desencarnados que vagam fazem isto, aproximam-se de encarnados e sugam suas energias. Somente não o fazem se não conseguirem, se o encarnado não quiser doar energias ou não deixar que as roubem. Isto ocorre porque existem pessoas que não permitem a* aproximação de desencarnados e também porque as orações, bons atos e pensamentos fazem uma couraça que impede desencarnados necessitados e mal-intencionados de se aproximarem. Também há os que têm por companhia desencarnados afins que os protegem, estes são normalmente os voluntários do bem. Infelizmente, por não ter conhecimento, um encarnado que ama o desencarnado necessitado aceita indevidamente sua aproximação, e trocam energias.

— Uma vez — contou Manoel — estava tão aborrecido com meus familiares que resolvi ir a um bar, beber para esquecer. Sabia que estava desencarnado e que podia me alimentar das energias de encarnados. Quis sugar de alguém que estivesse bebendo e me embriagar. No bar, quando me aproximei de um homem, um desencarnado me empurrou e gritou: "Este é meu! Eu o protejo!". Tive de procurar outro.

— A proteção que falei — esclareceu Luís Cláudio — pode ser por maus ou bons espíritos, isto dependerá do que o encarnado em questão faz, de como age. Uma pessoa que faz o mal quase sempre tem perto de si desencarnados maldosos que tentam protegê-lo. Normalmente, as energias deste encarnado é dele ou deles, dos espíritos que o acompanham. O que aconteceu com você no bar, com certeza, foi que o alcoólatra estava sempre acompanhado por aquele desencarnado e se embriagavam juntos, por isso ele não permitia que outro usufruísse de sua fonte energética.

— Essas energias podem ser doadas? — quis Maria da Glória saber.

— Sim, podem — respondeu o orientador. — Quando oramos por alguém, normalmente enviamos a ele energias benéficas. Em passes espíritas, doam-se muitas energias. Muitos *encarnados estudiosos conhecem perfeitamente esse processo e doam energias a encarnados e desencarnados. Pode-se fazer esta doação inconscientemente: ao sentir dó de alguém, dar energias.*

— *Isso não prejudica?* — indagou Maurício.

— *Normalmente não. Quem dá tem sempre em abundância. Mas, se esta doação for em demasia, pode-se sentir, sendo necessário fazer a reposição. Por isso, é tão importante a recomendação para que se aprenda, para fazer esta doação com segurança e conhecimento.*

— *Vou continuar* — falou Maria Tereza — *contando a história de minha vida porque ainda tenho muitas perguntas a fazer. Quando alguém em casa estava se alimentando, eu ficava perto, principalmente de Simone, e me sentia alimentada. Pensava que ela me dava o que comer. O que realmente eu estava fazendo?*

— *Você sugava as energias de Simone se alimentando* — respondeu Luís Cláudio.

— *Da segunda vez que eu fui levada ao centro espírita, estava orando para minha filha sarar. Fui atendida?*

— *Sim, foi* — esclareceu o organizador da reunião. — *Recebemos sempre resposta de nossas orações sinceras. Você pediu para Simone se curar, e a causa da doença dela era você. E, no centro espírita, o que aconteceu?!*

— *Dessa vez compreendi, porque prestei atenção na orientação que recebi, que havia desencarnado e que necessitava aprender a viver como tal, então decidi fazer tudo para melhorar. Porém, Simone me chamou me querendo; eu me desesperei e, novamente, volitei sem saber, voltando para casa. Mas aí agi diferente, sabia que eles não me viam nem me responderiam.*

— Isso ocorreu comigo — interrompeu Carlos. — Fui casado por quarenta e nove anos, fui feliz no casamento, fiquei doente, minha desencarnação foi como dormir e acordei num posto de socorro, logo percebi que algo deveria ter acontecido comigo. Sentia-me bem, até que percebi que minha esposa, companheira de tantos anos, inconsolada, me chamava. Estes rogos se intensificaram, e eu passei a ficar inquieto, amargurado e com culpa de ter desencarnado. Num arroubo maior dela, a atendi, saí do abrigo em que estava e voltei para casa, para perto de minha mulher. Que tristeza! Logo me perturbei, não sabia mais se estava encarnado ou desencarnado. Ainda bem que uma das minhas filhas pediu auxílio para mim no centro espírita em que frequenta. Fui socorrido, orientado e aqui estou. Como é triste quando encarnados lamentam por nós em desespero e nos chamam. Minha filha foi enérgica com minha esposa, exigiu que ela não me chamasse mais. Ela ainda o faz, mas não como antes. E, quando isto acontece, eu me concentro em Jesus, penso que estou segurando na mão do Mestre Amado e não a atendo. Não mesmo!

— Vamos continuar escutando Maria Tereza — pediu Luís Cláudio.

— Graças a Deus, minha mãe pediu para minhas filhas morarem com ela. Na preparação da mudança, minhas duas filhas, arrumando seus pertences, falaram de mim, comentaram de minha doença, falecimento, do velório e enterro, jogaram meus remédios fora, doaram minhas roupas... Naquele momento, acabou toda a minha ilusão, compreendi que de fato havia mudado de plano. A vida de minhas filhas mudou para melhor. Sem minha presença, Simone logo estará sadia, e

*ela, com muitas coisas para fazer, não sente mais minha falta
como antes. Meu amigo de juventude, que tem conhecimentos,
orientou-as para que não me chamassem mais e pensassem
em mim sadia e feliz. Estou me esforçando para ficar como elas
desejam.*

— *Meus familiares* — queixou-se José Mário — *aborre-
ceram-se muito comigo, e uns infelizmente até me xingaram.
Fingi ter mais dinheiro do que tinha. Fiquei viúvo por oito anos
e, nesse período, gastei escondido meu dinheiro. Meus filhos
pensavam que eu tinha guardado e, quando desencarnei, foram ao banco e ficaram sabendo. O luto passou rápido com a
notícia, e eles sentiram raiva de mim, pois tinham planos para
a fortuna que receberiam. Esqueceram-se de que o dinheiro
era meu, que fui eu quem trabalhou para ganhar. Foi um período triste. Desencarnei e fiquei em casa; com a indignação
deles e por eles terem falado tanto que eu havia morrido e por
terem se desfeito dos móveis, de tudo e alugado a casa, soube
que mudara de plano. Fiquei vagando e fui parar no umbral.
Minha esposa, que é uma pessoa muito boa, está bem na espiritualidade, me socorreu e vim para cá. Quando penso nos
meus filhos e netos, sinto-os ainda magoados comigo, embora
receba orações deles também.*

— *Minha história é parecida com a da Maria Tereza* — falou Nilza. — *Fiquei doente, desencarnei e permaneci no meu
lar por muito tempo. Vi os acontecimentos se sucederem;
devo ter sugado energia de todos, porque ninguém sentiu
mais que os outros. Nas refeições, revezava, cada vez ficava
perto de um deles. Cansei, passei a orar muito, roguei por
auxílio. Dois socorristas vieram atender meu pedido e me
socorreram. Por que muitos desencarnados ficam assim sem*

compreender o que aconteceu? Sem entender que mudaram de plano?

— *Porque gostamos mais da matéria do que do espírito* — respondeu Maurício, intrometendo-se. — *Tínhamos como objetivo somente a vida no físico. Eu tinha horror de pensar que ia morrer. Não queria nem saber o que acontecia com quem partia do físico. E, como para todos acontece, morri. Acordei em casa e, para mim, foi um horror. Ninguém conversava comigo: às vezes pensava estar tendo um pesadelo do qual não acordava; outras, que por algum motivo eles estavam me punindo. Chorando, desesperado, pedi, roguei ajuda a Deus. Fui socorrido, mas não fiquei, não queria aceitar a realidade e voltei. Fiquei novamente em minha casa e, percebendo que minha esposa ia sair, ter um encontro com um homem, com ciúmes e indignado, segui-a, e aí um grupo de desencarnados arruaceiros me cercou, bateu em mim, humilhou-me, torturou e me abandonou no umbral. Chorei muito e novamente chamei por auxílio. Fui de novo socorrido, mas dessa vez não me iludi mais; grato, esforcei-me para ficar bem e aqui estou.*

— *O perigo* — esclareceu o coordenador da reunião — *de vagar é isso ocorrer: desencarnados maldosos o pegarem e maltratarem. E, quando isto ocorre, são deixados normalmente no umbral. Também pode acontecer, aos que vagam, de serem levados para se tornarem escravos. A imprudência de não aceitar o inevitável, a morte do corpo físico, pode acarretar muitos sofrimentos.*

— *Noto que temos histórias parecidas* — concluiu Maurício. — *Fomos, Luís Cláudio, agrupados aqui porque todos nós desencarnamos e voltamos ao lar? Isto é comum?*

— *De fato, para termos estas conversas esclarecedoras, agrupamos desencarnados que passaram por dificuldades parecidas. Infelizmente, muitas pessoas desencarnam, não aceitam essa mudança de plano, do físico para o espiritual, e se iludem: uns pensam que estão sonhando, tendo pesadelos; outros se sentem desprezados, acham que os familiares estão fingindo não vê-los para não falar com eles. Encarnados precisam se esclarecer, pensar na morte como uma viagem a ser feita e que necessita de preparo.*

Ficaram todos calados por alguns momentos. Alfredo levantou a mão e pediu para falar. Tendo permissão, narrou:

— *Agi parecido com você, Maria Tereza. Encarnado, tentei fazer o bem, ser caridoso, fui uma pessoa querida, religioso (tinha a religião interior, não era de frequentar cultos). Desencarnei com quarenta e nove anos, adoeci e, um ano depois de acamado, mudei de plano. Fui socorrido por desencarnados que me eram gratos. Mas não fiquei abrigado. Meus dois filhos mais velhos me decepcionaram: aproveitaram-se da ingenuidade de minha esposa e dividiram meus bens financeiros, ficando com a maior parte e prejudicando a mãe e os outros quatro menores. Indignado, voltei para meu ex-lar e lá fiquei, piorando a situação. Minha filha caçula, que é médium em potencial, me acolheu com carinho e trocamos energias. Ela adoeceu. Minha esposa ficou desesperada, pensando que ia perdê-la também. Levou-a em muitos médicos e para benzer, mas, infelizmente, esse senhor que benzia não me orientou, somente ordenou que eu me afastasse do meu ex-lar. Naquele momento, não compreendia que eu era a causa de minha filha estar prostrada, pensava que era por tristeza pelo meu falecimento. Não obedeci. Amava minha família e nunca pensei que meus filhos pudessem agir daquele modo. Na terceira vez que aquele senhor mandou que eu me afastasse e eu não o fiz, seus ajudantes desencarnados, que trabalhavam com ele, me levaram para o umbral e me deixaram lá. Foi muito triste, senti-me doente e passei fome porque, não sabendo viver desencarnado, sentia vontade de me alimentar. Passei frio como se ainda estivesse encarnado. Pensei muito nesse período preso e roguei a Deus ajuda. Fui socorrido e aqui estou. Quero agora aprender a viver na espiritualidade.*

— *Você sabe o que aconteceu com sua família?* — perguntou Maria da Glória.

— *Sim, sei* — respondeu Alfredo. — *Sem minha presença, minha filha sarou e, de fato, meus dois filhos mais velhos ficaram com a maior parte dos meus bens, que adquiri com o meu trabalho. Minha esposa tem se virado, e estão melhores do que eu pensava.*

— *Novamente, alerto para o perigo de voltar ao ex-lar* — orientou Luís Cláudio. — *Se sua esposa tivesse procurado auxílio num local que somente faz caridade, você não seria levado para o umbral, mas, sim, para um posto de socorro, onde seria orientado. Com certeza, ela o fez por ignorância. Sempre que possível, alerto os encarnados para pedir ajuda somente em lugares que seguem os ensinamentos de Jesus, onde se faz o bem sem olhar a quem.*

— *Foi uma lição!* — exclamou Alfredo. — *Tudo tem razão de ser. Devemos estar sempre preparados para voltar ao plano espiritual e, por mais que amemos a família, pensar que um dia poderemos estar novamente juntos e que, quando não podemos auxiliar, não nos cabe atrapalhar. Minha desencar-*

nação, deixando filhos menores e com quarenta e nove anos, não foi injusta, como todas não são, foi uma reação de atos equivocados do passado.

— Eu — contou Laila — desencarnei idosa e não me conformei por deixar meu esposo, companheiro de tantos anos. Acordei num posto de socorro e, nos primeiros dias, encantei-me com o local, mas depois me desinteressei. Como poderia ficar em um local maravilhoso se meu amor estava sofrendo com a minha ausência? Por mais que me fosse explicado, saí do abrigo e voltei para casa. "Se é para ele sofrer", pensei, "vou sofrer junto". Só que não calculei que fosse tanto. Logo me senti doente, as dores que sentia quando encarnada voltaram com intensidade. Meu esposo ficou muito pior. Sei agora que ele piorou porque trocávamos energias. Meus filhos não sabiam mais o que fazer ao verem o pai se deprimindo. Minha irmã, que há muitos anos mora aqui, no Além, veio me visitar, ficou brava comigo, discutimos. Ela me mostrou, tentou me fazer entender que o que estava fazendo piorava e, muito, a situação no meu ex-lar. Não adiantou naquele momento, porém comecei a observar e compreendi que desencarnados não podem mais ficar junto de encarnados, não até saberem viver sem o corpo físico ou terem permissão. Chorei e vi meu esposo chorando. Comovida, pedi ajuda à minha irmã, que veio ao meu socorro. Depois de uns dias num posto de socorro, fui trazida para cá. Arrependo-me muito por esta minha imprudência. Embora idoso, meu esposo, para mim, será sempre meu marido; melhorou muito com minha ausência. Às vezes choro por ter feito ele sofrer mais ainda. Quero agora me preparar para, quando for o momento de ele mudar de plano, ajudá-lo e aí ficarmos juntos.

— *Infelizmente* — opinou o dirigente da reunião —, *tenho conversado com grupos que não aceitaram o socorro por gostarem imprudentemente do que julgavam ser deles, os bens materiais. Não foram administradores, mas, sim, possuidores e a eles ficaram presos. Neste encontro, vocês não conseguiram se desligar dos afetos. Laila ama muito seu marido e se inquietou por estar bem e ele não. Não devemos sofrer com separações momentâneas, porque aqueles que amam verdadeiramente, reencontram-se. Vamos fazer o propósito de aprender a desapegar até daqueles que amamos. Amar sem se apegar: esta é a difícil lição! Porém necessária ao nosso progresso.*

Marília pediu para falar:

— *Gostaria de contar o que aconteceu comigo para esclarecer algo que ainda me magoa. Estava envergonhada, mas agora percebo que todos aqui tiveram histórias parecidas. Não casei quando encarnada, tive muitos sobrinhos, filhos de seis irmãos. Cuidei de meus pais idosos até eles desencarnarem e depois passei a ser a tia disponível para resolver qualquer dificuldade. Cuidava ora de um, ora de dois ou três, gostava de fazer isto, era solícita, tive até sobrinhos bisnetos. Amava a família e era também querida. Desencarnei de repente e fui socorrida. Meus pais me acolheram, foi um reencontro feliz. Porém, os problemas com a família se multiplicaram, eles sentiram minha falta e passaram a brigar pelos meus bens materiais, os que deixei no plano físico. Começaram a me chamar dizendo: "Se titia estivesse aqui, isto não estaria acontecendo!"; "Se titia Marília 'isto' ou 'aquilo'." Resolvi, consciente, ir para perto deles para ajudá-los. Mamãe fez de tudo para me convencer a ficar. "Marília", disse minha mãe, "não vá! No plano físico, você sentirá as necessidades de um encarnado: terá fome, sentirá frio etc. E, para suprir estas necessidades, terá de sugar as energias deles, isto não é bom!". "Se eles me querem, é justo que me deem algo em troca", respondi. Não fugi, saí e até agradeci. Fui para perto de minha família e, de fato, eles estavam brigando até pelas minhas roupas. Tentei de tudo para que eles resolvessem sem discussões. Nada. Até escutei: "Tudo por culpa de tia Marília, ela deveria ter feito um testamento". Senti-me culpada por não tê-lo feito. Meus pertences, aqueles de que fui administradora, eram três casas e dois apartamentos, tinha também joias, e a casa que morava era bem arrumadinha. Comecei a dar palpites nas atitudes deles, como sempre fizera, ora ficava brava com um, ora com outro. Como era de se esperar, nada de diferente aconteceu, ninguém me via ou escutava. Um sobrinho neto, filho da filha do meu irmão mais velho, foi a um local de oração e fui junto. Lá, após o culto, uma pessoa foi até meu sobrinho e gritou: "Afaste-se daqui, espírito impuro!". "'Impura' eu?!", exclamei indignada. E o homem gritou muitas vezes: "Espírito impuro!". Dois desencarnados me pegaram pelo braço, me levaram para fora do prédio e me jogaram na rua. Caí sentada. Chorando, levantei-me e me encostei num muro. Chamei pelos meus pais e, minutos depois, eles vieram, abraçaram-me e me trouxeram para esta colônia. Estou tentando me desligar deles, tenho orado, pedido a Deus para eles resolverem sem brigas. Mas por nada volto para perto deles. Estou me adaptando aqui, e meus pais me visitam sempre. O que mais senti nesse acontecimento tumultuado foi ter sido chamada de "espírito impuro". Eu que sempre fui recatada sexualmente!*

— Erroneamente — elucidou Luís Cláudio —, entendemos por "impuro" os abusos egoístas pelos prazeres sexuais.

Nos Evangelhos, referem-se aos desencarnados imprudentes, maus e egoístas como "espíritos impuros". Porque é egoísmo aqueles que vivem sem o corpo físico se apoderarem de encarnados, desequilibrando-os fisicamente e moralmente, somente para se sentirem alimentados, para gozarem de prazeres e terem conforto pessoal. É este egoísmo que é chamado de "impureza". Então, qualquer forma de egoísmo é impuro. E "pureza" significa o contrário, amor espiritual, solidário para com tudo e todos. Isto é a pureza do coração.

— *Entendi* — falou Marília —, *é uma forma de egoísmo roubar energia alheia. Sabia que fazia isto, mas pensei ser uma troca, já que queria ajudá-los. É difícil auxiliar sem saber como. Entendo que somente piorei a situação. Agora compreendo, pelas suas explicações, por que fui chamada de "espírito impuro" e está sendo fácil desculpar. Reconheço que fui egoísta: estava desfrutando das energias deles e também me achando indispensável. Penso que realmente os ajudei quando estava vestida com a roupagem carnal, mas me vangloriava desses meus atos. Vou pensar muito sobre isto. Quero aprender a amar sem egoísmo.*

Por alguns instantes, todos ficaram calados, pensando em seus atos. Com certeza, naquele momento, todos queriam vencer o egoísmo. E foi Luís Cláudio quem quebrou o silêncio:

— *Eu, como vocês, vivi encarnado de tal modo que mereci socorro ao desencarnar, porém não fiquei no posto de socorro para onde fui levado. Tive uma sensação dolorosa. "E agora?", indaguei. "Não serei mais Luís Cláudio, com o sobrenome que tanto prezava? Perdi tudo? Onde está o meu corpo carnal? Minha casa? Minha família e amigos? Minhas roupas?" Foi terrível a sensação de perda. Saí do abrigo e voltei ao meu lar. Descobri que amava as sensações do plano físico: comer, tomar água, uns drinques, dormir, passear, conversar com as pessoas, estar com filhos e esposa, gostava até das pequenas discussões que tínhamos etc. Senti medo de perder tudo isto e me iludi. Sofri, decepcionei-me e procurei, implorei pelo socorro. Depois de um tempo aqui na colônia, descobri a vida maravilhosa que é a do Além. Equivocadamente, quando encarnado e no período em que, desencarnado, vaguei iludido, dei mais valor ao "ter" do que ao "ser". Esqueci que o "ser" é do espírito, e o "ter" é da matéria. Para compreender isso, necessitei sofrer. Era apegado à matéria física, e a ela fiquei preso. Se tivesse sido desapegado, teria dado mais importância ao "ser", ao meu espírito, que sobreviveu à morte do corpo físico. Poderia ter sido administrador e não possuidor e não teria ficado apegado nem ao meu nome. Agora tento, esforço-me para fazer crescer em mim o "ser" e decrescer o desejo de ter. Quando realmente aprender isto, consolidar meu eterno "ser", é que poderei ter em segurança e temporariamente, sem prejuízo a mim mesmo.*

— Como é a desencarnação de uma pessoa que tem conhecimento dessa mudança de plano? Ela fica bem de imediato?
— Quis saber Maria da Glória.

— Conhecimento não é merecimento. Quem fez por merecer, foi quando encarnado uma pessoa boa, é sempre socorrido, podendo aceitar ou não o auxílio recebido. Isto ocorreu com este grupo, todos vocês receberam o primeiro socorro.

— Existe socorro diferente? — perguntou Maurício, interrompendo o orientador.

— Sim, existe. Algumas pessoas são muito especiais, trouxeram as malas cheias, para esta viagem, de "obrigados" e "Deus lhe pague". Estes, ao terem o término do período no pla-

no físico, são trazidos para as colônias, de onde é mais difícil, com conhecimento ou não, sair. Conhecimento — falou Luís Cláudio voltando ao que estava explicando — *é viajar sabendo tudo o que encontrará: o lugar para onde está indo, onde ficará, como viverá e quem encontrará. Lembro-os de que conhecimento é para quem quis saber, estudou, independentemente do caráter da pessoa. Muitos espíritos maus têm vastas instruções. Mas se unir os dois itens, conhecimento e merecimento, a desencarnação é, para essa pessoa, algo de extraordinário, maravilhoso.* — O orientador, cumprindo o horário, exclamou: — *Nossa reunião está terminando! Você, Maria Tereza, quer falar mais alguma coisa?*

— *Sim, quero finalizar meu relato. Nas vezes em que me encontrei com Luciene, a namorada do meu ex-marido, xingávamos uma a outra. Eu tentava falar, pensava e a denominava de "intrusa". Pensava que ela, indevidamente, estava na minha casa. Luciene tentava me ofender, dizendo que era eu que não deveria estar lá no meu ex-lar. Agora sei que, indevidamente, imprudentemente, era eu... a intrusa!*

Luís Cláudio fez uma bonita oração, em que agradeceu o socorro e por estarem ali num abrigo. A reunião terminou.

18º CAPÍTULO

Férias novamente

As aulas terminaram, Beatriz e Simone estavam de férias. A filha mais velha de Maria Tereza se formou numa cerimônia simples. As aulas de inglês e espanhol também haviam encerrado.

As três moradoras estavam eufóricas, Júnior estava para chegar. Naquela manhã, Laís organizava os últimos detalhes da decoração do quarto que o neto ocuparia e pensou:

"Como minha vida mudou para melhor! Está sendo muito prazeroso minhas netas morarem comigo e agora meu neto querido. Como gosto desse menino! Serão férias inesquecíveis! Tudo deu certo! Meus filhos compraram minhas ações do curtume. Vão me pagar por muitos anos. Célio, quando ficou sabendo, não demonstrou na frente dos sócios sua indignação, somente comentou: 'Se soubesse que dona Laís estava vendendo, teria tentando comprar algumas ações'. Ele deve ter ficado furioso! Meu ex-genro também soube que passei meus outros bens para os filhos dele. Não comentou, mas como o conheço, ele deve ter achado ruim estes imóveis irem diretamente para os filhos sem passar por ele. Ainda bem que Célio não quis as meninas de volta. Se isso ocorresse, o chantagearia. Já tinha conversado com o advogado, iria à justiça pedir a guarda delas e, como o advogado me explicou, certamente o juiz perguntaria às garotas com quem e onde elas iriam querer ficar. E com certeza elas responderiam que queriam ficar comigo, elas estão tão felizes! Jorge obteve provas de que Célio roubava o curtume. E, em último caso, o ameaçará. Agora é Jorge quem controla as vendas e meu ex-genro não rouba mais, o caso foi abafado. Foi melhor assim, meus netos não ficaram sabendo que o pai é ladrão. As meninas falam com ele raramente. Simone está sadia. Fui com ela ao médico, fez exames, sarou da anemia, engordou, está corada e sempre alegre. Vou mudar de religião, vou ser espírita. Gosto cada vez mais desta Doutrina que consola, instrui e esclarece. Simone foi a que mais gostou, desde da primeira vez que fomos ao centro espírita com Armando, ela amou, foi a expressão que usou. Beatriz foi somente uma vez, porque tinha aula, e gostou também. Armando foi a resposta às minhas orações. Que amigo precioso! Ele e Verônica estão namorando firme. Gosto dela. É tão bom fazer o Evangelho no Lar. Verônica e Armando vieram fazer conosco as primeiras vezes, agora fazemos nós três e, como Beatriz está de férias e não estudará mais no período noturno, mudamos para quarta-feira à noite. Júnior com certeza gostará também de estudar o Evangelho."

— Não vejo a hora de ele chegar! — exclamou.

Foi para a sala.

Beatriz também aguardava o irmão com ansiedade. Estavam em seu quarto esperando a hora de ir para a sala e pensou: "Tantas coisas mudaram este ano em minha vida! Começou com mamãe doente, depois ela morreu ou, como Si diz, 'desencarnou'. Tive de transferir meus estudos para o curso noturno, fui trabalhar, namorei Nestor, viemos para a casa de vovó. Foi realmente um ano de grandes mudanças! Júnior virá para cá, passará as férias conosco. Ele não fala mais com papai. Si e eu vemos muito pouco nosso pai, falamos com ele por telefone, conversamos rápido e um pergunta somente como o outro está. Por duas vezes, fomos lá, na casa onde morávamos. É tão estranho! A casa está triste, parece sem vida, embora esteja como sempre, nada mudou, nenhuma cadeira fora do lugar. Papai nos recebeu bem, penso que se esforçou para ser agradável. Ele agora vive como sempre desejou, sem responsabilidade e gastando somente com ele mesmo. Si e eu notamos que nosso genitor não está feliz. Olhando em seus olhos, vimos tristeza e, por duas vezes, ele falou de mamãe, me pareceu sincero quando disse sentir a falta dela. Estamos bem com vovó, isto é o que importa. Às vezes penso em Nestor. Ele foi, por algumas semanas, importante para mim, sou grata a ele. Terminamos. Morando aqui, sentindo-me bem e, o melhor, vendo Si se recuperar, voltar a ser sadia, alegre e a se entusiasmar pela dança, preferia ficar em casa do que sair com ele. Vovó o agradou, convidou-o para almoçar, foi gentil e, como prometeu, não se intrometeu em nossas vidas. Foi Simone quem me alertou: 'Bia, por que você não pensa em voltar a estudar, em cursar psicologia? Vovó me disse que, se você quiser, ela paga a faculdade para você'. 'Não sei, respondi. O curso noturno não dá base para um vestibular. Depois, Nestor e eu estamos pensando em nos casar.' 'As coisas mudaram, não percebeu?' perguntou Si. 'Agora estamos bem aqui. Por que não conversa com vovó? Pergunte a ela o que você deve fazer.' Foi o que fiz. 'Vovó', pedi, 'será que devo me casar?' Vovó sorriu, pegou na minha mão e respondeu: 'Se você não tivesse dúvida, não me perguntaria. Se as tem, é porque não sabe o que quer. Quando não sabemos o que queremos, o melhor é adiar. Gosto de Nestor: ele é gentil, educado, poderá até ser bom marido e você, certamente, uma excelente esposa. Se quer minha opinião, namore mais. O período do namoro é o melhor que existe. Namoram há poucos meses, não tiveram ainda tempo para se conhecer, para ter certeza de que realmente se amam, se querem mesmo ficar juntos. Namore mais, minha neta, você é tão jovem! Estude, forme-se e depois se case e, enquanto isso, vão namorando'. Achei coerente o conselho. Falei com Nestor, e ele achou muito ruim, deixou-me em casa sem se despedir e ficou três dias sem falar comigo. Embora preocupada com a situação, pois não queria magoá-lo, tive a certeza de que não queria me casar. Foi Simone, minha irmãzinha caçula, quem me ajudou, aconselhou: 'Bia, gosto de Nestor como pessoa, como cunhado, mas acho-o velho para você, ele já viveu a juventude dele, e você não. É seu primeiro namorado, antes não saía de casa, não viajou e, se casar, continuará tendo esta maneira de viver. Eu gosto de dançar; você, de estudar. Desde pequena dizia que ia estudar psicologia. Agora, tem oportunidade, volte a estudar! Se Nestor gostar mesmo de você, a aceitará. Aprendi com o senhor Armando que aquele que ama quer o bem do ser amado. Tanto ele como você devem querer o que é melhor para o outro. Estive pensando sobre seu namoro e concluí: você o namorou pensando em se casar e me levar junto para ficarmos livres do papai e daquela casa sem a mamãe. A causa já não existe mais. Penso que Nestor a namorou porque é linda, educada e seria uma boa esposa que lhe daria filhos. O amor se constrói com a convivência e vocês tiveram-na pouco'. Conversei com vovó, falei que queria estudar, e ela, contente, me deu dinheiro para me matricular no período da manhã num cursinho. Nestor achou muito ruim, ficou novamente quatro dias sem me ver. No sábado que fizemos o Evangelho no Lar, pedi mentalmente ajuda a Deus e aos bons espíritos para me iluminarem para tomar a melhor decisão. Pensei que Nestor merecia ser amado, que gostava dele, mas não para marido. Encontramo-nos à noite e resolvemos que o melhor seria terminar. Agradeci-o por tudo e nos separamos. Fiquei aliviada. E percebi que Nestor também sentiu alívio. Penso que ele tentou, mais uma vez, casar, ter família. Analisando nosso namoro, concluo que não é isso o que ele realmente quer, sentia que ele se esforçava para gostar de mim. Falaram que ele talvez fosse homossexual, talvez ele nunca assuma e continue sozinho. Pena! Vou sempre orar para que ele seja feliz. Como minha vida mudou para melhor! Estudando de manhã, no cursinho, fiz novos amigos. Como gosto de estudar! Prestei vestibular, com certeza vou passar, fui bem nas provas. A faculdade é particular, mas vovó disse que pagará com satisfação, que é um orgulho me ver estudando. Vou fazer o que gosto. Quero abraçar o Ju, estou saudosa!"

Foi esperar o irmão na sala de estar.

Simone era a mais animada. A garota parecia outra: corada, disposta e muito falante.

"Ontem vi Mateus com a namorada", pensou. "Nem sei como e por que me interessei por ele. Conrado é um gato e está interessado em mim. Mas decidi, não quero namorar por enquanto. Vou me dedicar à dança, quero ser uma grande bailarina e depois ser professora de balé. Estou muito contente, por isso tenho orado agradecendo e para mamãe estar bem. Quero ser espírita. Sinto que esses conhecimentos estavam guardados no meu íntimo e, quando os ouço, vêm à tona. Este ano começou ruim e, graças a Deus, está terminando muito, mas muito bem. Espero que Ju se divirta com a surpresa que preparamos para ele. Vou checar se tudo está como planejei."

Foi para a sala.

Júnior estava no ônibus, pensava também em sua vida.

"Foi tão bom vovó me ajudar. Moro agora num local confortável, sozinho e, como prometi, ajudei e vou continuar auxiliando Ney, que, com minha ajuda, quase não tem entregado drogas. Estou estudando muito, minhas notas são excelentes. Saí com Eugênia, talvez namoremos o ano que vem. Sei de Murilo, meus amigos têm me dado notícias, ele ainda está na clínica, e todos estão esperançosos de que ele se recupere. Escrevi a ele, que me respondeu. Queixou-se da clínica, mas afirmou que o tratamento está sendo eficaz. Como estou saudoso! Logo estarei abraçando minhas irmãs e vovó. Amo-as!"

Estava ansioso para chegar.

Maria Tereza estava se adaptando. Logo iria se transferir para o alojamento da escola onde iria ficar por um período para estudar, aprender a viver no plano espiritual e conhecê-lo.

"*Como é bom*", pensou, "*receber pensamentos de incentivo daqueles que amamos. Mamãe, as meninas e Armando têm me motivado a estar bem, pedem para me adaptar no Além, para não me preocupar com eles, para ser feliz e, melhor, sinto-os bem*".

Ativa como sempre fora, gostou de trabalhar, fazia, além das tarefas que lhe cabiam, mais algumas outras. Assim, ocupava o seu tempo. Foi por este motivo que Manoela informou-a:

— *Maria Tereza, você poderá ir à sala de vídeos e ver por um deles sua família terrena. Marque horário para este acontecimento.*

Como recebia os pensamentos dos encarnados e, com mais facilidade, de Simone, ela sabia que Júnior chegaria no sábado pela manhã e que todos estariam reunidos. Contente, marcou o horário. Ansiosa, chegou dez minutos antes. A trabalhadora da sala explicou a ela como usar o aparelho.

— *Tudo o que temos aqui, daqui a algum tempo os encarnados poderão desfrutá-los. A tela é parecida com a da televisão. Ajustado o local que se quer ver, em segundos as imagens aparecem.*

Ligou. Maria Tereza sentou-se numa confortável poltrona e, na tela, apareceu a imagem da casa onde viveu a infância e a juventude. Viu as três, mãe e filhas, eufóricas, e Simone falando sem parar, como sempre fazia quando estava alegre.

— Não se esqueçam — pediu Simone —, nada de barulho. Vamos ficar caladas. Eu me escondo aqui, Beatriz ali, e vovó fica de pé atrás da cortina. Vamos deixá-lo entrar e, depois de alguns minutos em que ficará nos esperando, saímos juntas do esconderijo e gritamos. Iremos assustá-lo!

Maria Tereza observou-as. Sua caçula estava linda, rosada, sadia e muito contente. Beatriz, tranquila, alegre, e sua mãe, feliz.

A campainha tocou. A mãezinha, na frente da tela, viu Júnior chegar, pagar o táxi e esperar no portão. Ele também estava bem, um rapaz muito bonito, sadio, educado e que, com certeza, seria um excelente profissional.

A empregada, como combinaram, foi abrir o portão.

— Bom dia! Vou ajudá-lo com as malas. Dona Laís e as meninas saíram, voltarão logo. Disseram que é para você entrar e esperá-las.

O rapaz se decepcionou, não respondeu, entrou com a empregada e foi conduzido por ela para a sala de estar.

— Vou levar as malas para o seu quarto. Aguarde aqui! — disse a empregada e saiu.

Júnior olhou a sala e sentiu algo diferente.

"Elas devem estar escondidas. Isto é arte da Si", pensou ele.

— Ai! Como sofro! — falou alto em tom teatral. — Chego aqui saudoso, cansado da viagem, louco para abraçar meus amores e o que encontro? Nada! Ninguém! Elas me abandonaram! Que escuto? Alguém se mexeu? Estão escondidas? Danadinhas! A primeira que pegar, mordo a orelha.

Risos, gritos e abraços.

Júnior observou as irmãs e constatou que, de fato, elas estavam bem; falava com elas por telefone, mas, ao vê-las, teve a certeza de que estavam felizes. Simone não parava de falar.

— Vou dançar! Vovó comprou um ingresso para você. Serão três dias de apresentação e uma quarta em outra cidade. Não tenho, na apresentação, destaque, mas, no ano que vem, terei. Fui aprovada na escola. Vovó fez...

— Si! — gritou Beatriz. — Deixe-me falar.

— Depois — continuou Simone falando —, Ju, seu quarto está lindo e...

Laís sentou-se, Júnior aproximou-se dela, ajoelhou-se ao seu lado, pegou na mão da avó e a beijou.

— Obrigado, vovó! Muito obrigado!

Laís olhou-o com amor. Não queria fazer distinção entre os netos, principalmente agora que ela era como se fosse mãe deles. Queria ficar no lugar da filha, de Maria Tereza, porém seu amor por Júnior era imenso, amava-o demais.

"Tudo valeu a pena só por este sorriso", pensou a dona da casa.

— Tenho surpresa! — exclamou Laís.

Os netos se calaram, e Laís comunicou:

— Quero dizer à Bia que, se você não passar no vestibular, fará cursinho no ano que vem, porque você é de fato uma psicóloga nata, será uma excelente profissional que auxiliará muitas pessoas. Ainda este ano, temos as apresentações de dança da Simone. Depois, o Natal com ceia com toda a família e o almoço festivo, teremos também os festejos do Ano Novo. Com certeza, será, para nós, maravilhoso. A surpresa é: viajaremos! Por vinte dias estaremos nós quatro passeando por três cidades, sendo duas litorâneas.

— Praia? Meu Deus! Vou finalmente conhecer o mar! — exclamou Simone.

— Um sonho realizado, viajar para a praia! — falou Beatriz.

Júnior aproximou-se das irmãs e, como eles tinham o costume, desde pequenos, de fazer quando estavam contentes, colocaram os braços nos ombros uns dos outros, pularam e rodaram. Laís enxugou algumas lágrimas, estava feliz com a felicidade que proporcionava a eles. Os três cantaram:

— Obrigado, Deus! Obrigado, vovó Laís! Estamos contentes! Ufa! Ufa! Lá! Lá! Tá! Tá! Obrigado!

Maria Tereza desligou o aparelho. Enxugou o rosto. Agradeceu à trabalhadora que a ajudou.

— *Tenho de voltar aos meus afazeres. A vida continua! Obrigada, meu Deus!*

FIM

VERA LÚCIA MARINZECK DE CARVALHO
DITADO POR ANTÔNIO CARLOS

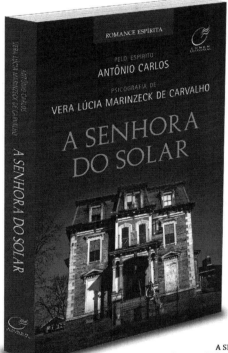

A SENHORA DO SOLAR
Romance | Páginas: 304 | 14x21 cm

Noeli teve uma existência de privações, em que enfrentou muitas dificuldades. Morava numa casa que se deteriorava, mas que antigamente fora uma bela residência, um solar. Por que nascera naquele lugar? Ela tinha visões do passado, recordava-se da época em que ali vivera como senhora, a senhora do solar. Mas, hoje, era pobre e vivia dos produtos de sua horta. Até que começou a fazer remédios e pomadas com ervas, curando muitas pessoas. Mesmo depois de sua morte, os pedidos de bênçãos e curas nãopararam, como se ela fosse uma santa. E como são feitos esses atendimentos na espiritualidade? O leitor saberá, ao ler este livro, do dedicado trabalho de tarefeiros que atendem em nome de Deus, Jesus, Maria ou santos, em diversos lugares distintos. Vamos compreender que, para atender um simples pedido nosso, o trabalho dos socorristas espirituais é imenso e, às vezes, mobiliza toda uma equipe em benefício do encarnado.

www.boanova.net | 17 3531.4444

Av. Porto Ferreira, 1031 - Parque Iracema
Catanduva – SP - CEP 15809-020
Tel. 17 3531.4444

www.lumeneditorial.com.br | atendimento@lumeneditorial.com.br
www.boanova.net | boanova@boanova.net